VALENTÍA

A TRAVÉS DEL OCÉANO

La vida de Cristóbal Colón

VALENTÍA

A TRAVÉS DEL OCÉANO

La vida de Cristóbal Colón

JANET & GEOFF BENGE

EDITORIAL JUCUM

P.O. Box 1138 Tyler, TX 75710-1138

Editorial JUCUM forma parte de Juventud con una Misión, una organización de carácter internacional.

Si desea un catálogo gratuito de nuestros libros y otros productos, solicítelos por escrito o por teléfono a:

Editorial JUCUM
P.O. Box 1138, Tyler, TX 75710-1138 U.S.A.
Correo electrónico: info@editorialjucum.com
Teléfono: (903) 882-4725
www.editorialjucum.com

A través del océano: La vida de Cristóbal Colón

Versión española: Iñaki Colera

Publicado originalmente en inglés con el título de:
Christopher Columbus: Across the Ocean Sea

PO Box 55787, Seattle, WA 98155

ISBN 978-1-64836-099-2

Impreso en los Estados Unidos

Valentía
Biografías

Sueños de aventuras
La vida del capitán John Smith

Independencia para siempre
La vida de John Adams

Una osada expedición
La vida de Meriwether Lewis

A través del océano
La vida de Cristóbal Colón

Indudablemente, los viajes de Cristóbal Colón supusieron un punto de inflexión en la historia mundial y cualquier estudio de la historia de la humanidad que no indagara en la fascinante y significativa vida de Colón estaría incompleto. Sin embargo, la inclusión de este personaje en la serie Valentía no significa que demos nuestra aprobación a todo lo relatado en *A través del océano: La vida de Cristóbal Colón*. Tampoco quiere decir que apoyemos la visión que, al parecer, el famoso navegante tenía del cristianismo o de los pueblos indígenas. Nuestra única intención es dar su debido reconocimiento a los inmensos logros y tremendo impacto histórico de la vida de Colón, y contar su historia con honestidad en un esfuerzo por proporcionar a nuestros lectores un panorama completo de la historia.

Todas las biografías de La colección Valentía están escritas desde el punto de vista de sus protagonistas. Por lo tanto, este relato de la vida de Cristóbal Colón pretende reflejar lo más fielmente posible su perspectiva. Los autores se han abstenido de incluir otras interpretaciones o comentarios procedentes de debates académicos sobre los sucesos narrados. Animamos a los padres y a los profesores a debatir acerca del libro con los jóvenes lectores y a ayudarlos a analizar con más detalle los importantes asuntos que en él se tratan. Y a todos aquellos lectores que hayan disfrutado con la lectura de Cristóbal Colón: A través del océano, los alentamos también a que consulten distintas fuentes y perspectivas históricas más recientes, con el fin de completar su conocimiento de Cristóbal Colón, la Era de las exploraciones y las tierras y pueblos que el viaje de Colón a las Indias encontró, y transformó para siempre.

El editor.

SAN SALVADOR
N
O
E
S
CUBA
(COLBA)
NAVIDAD
ISABELA
JAMAICA
(YAMAYE)
SANTO DOMINGO
SANTA CRUZ
LA ESPAÑOLA
GUADALUPE
(SANTA MARÍA DE GUADALUPE)
Cabo Gracias a Dios
DOMINICA
MARTINICA
Mar Caribe
TRINIDAD
Golfo de Paria

Índice

Abandonado

—Almirante, no creo que la Santiago vaya a conseguirlo —dijo Bartolomé Fieschi, que se encontraba junto a Cristóbal Colón en la cubierta de la Santa María.

Cristóbal, débil y febril por culpa de la malaria, observaba fijamente el curso que trazaba sobre las olas la nave Santiago, gemela de la Santa María.

—Sí, tiene problemas, su línea de flotación se eleva cada vez más, a este ritmo las olas no tardarán mucho en superar la borda.

Lo primero que le vino a la mente a Cristóbal fue ordenar a la tripulación de la Santiago que abandonara el barco, pero ¿dónde irían? La Santa María no se encontraba mucho mejor y no soportaría el peso adicional.

—¿Cómo están las cosas bajo cubierta? —preguntó.

—La tripulación hace un gran esfuerzo, pero entra más agua de la que consigue achicar.[1] Dentro de

1 Achicar: Extraer el agua de un dique, mina, embarcación, etc.

poco, nuestra línea de flotación estará tan baja como la de la Santiago —respondió Bartolomé.

Ambos barcos intentaban desesperadamente llegar a la isla de La Española, pero, en ese momento, Cristóbal comprendió que no lo lograrían. El viento de proa contra el que tenían que batallar era demasiado fuerte y supo que si quería salvar la vida de su tripulación debía tomar rápidamente alguna medida. Inquieto, comenzó a recorrer la cubierta de un extremo a otro mesándose[2] los cabellos, mientras consideraba sus opciones.

—¡Viramos a estribor! —ordenó finalmente al timonel de la Santa María.

Este actuó de inmediato, tirando de la pesada caña del timón de la nave mientras los marineros trepaban a toda prisa por las jarcias,[3] tensando los cabos y ajustando las velas para el cambio de viento de su nuevo rumbo.

La proa de la Santa María viró lentamente hacia la derecha, realizando un gran esfuerzo debido a la cantidad de agua que el buque albergaba en la sentina,[4] la Santiago pronto copió el nuevo rumbo de la Santa María. Mientras tanto, Bartolomé miraba con asombro a Cristóbal. No tuvo que decir nada; el almirante intuyó lo que estaba pensando: ¿Por qué hacia el Sur?

—Ya sé que estamos cerca de la Española, pero con este viento de proa no lo conseguiremos —explicó Cristóbal—. Si mis cálculos son correctos, la isla de Jamaica está a unos ciento sesenta kilómetros al sur. Tuve la oportunidad de explorarla en un viaje

---

2 Mesándose: Arrancar el cabello o la barba con las manos, o tirar con fuerza de ellos.

3 Jarcias: Conjunto de cabos y cables que forman parte del aparejo de un buque de vela.

4 Sentina: Cavidad inferior de la nave, que está sobre la quilla y en la que se reúnen las aguas que, de diferentes procedencias, se filtran por los costados y cubierta del buque, de donde son expulsadas después por las bombas.

anterior. Navegaremos con un viento más favorable y nuestras probabilidades de alcanzar tierra antes de hundirnos serán mayores.

—Ojalá sus cálculos sean correctos, almirante —dijo Bartolomé—. Nuestras vidas dependen de ello.

—Lo lograremos —respondió él para tranquilizarlo.

Alzando la voz, Cristóbal ordenó a la tripulación que izara todas las velas disponibles, con el fin de aprovechar el viento favorable. Mientras los dos barcos surcaban las aguas en dirección sur, permaneció atento al estado de la Santiago, temiendo que en cualquier momento el nivel del agua pudiera sobrepasar la borda.

Pasaron las horas y Cristóbal comenzó a escudriñar el horizonte con la esperanza de avistar la isla de Jamaica. Sin embargo, la oscuridad descendió sobre ambos barcos antes de que pudiera divisar su objetivo. Otra noche cualquiera, los dos navíos habrían arriado las velas y permanecido quietos, sin alejarse uno del otro, ante el temor de chocar con algún arrecife. Pero la situación era demasiado desesperada como para adoptar ninguna precaución, así que Cristóbal ordenó que ambos barcos siguieran avanzando a toda vela; correría el riesgo. Sin embargo, una desagradable sensación recorrió su mente mientras paseaba a solas por el castillo de popa de la Santa María. ¿Seguiría la Santiago a flote a la mañana siguiente, o se hundiría en medio de la oscuridad, llevándose a las profundidades a toda su tripulación?

Al amanecer, cuando los primeros rayos anaranjados del sol barrieron la superficie de las olas, Cristóbal se sintió aliviado en sus temores: la Santiago seguía a flote, aunque casi de milagro. Pero cuando el sol se alzó algo más y sus rayos comenzaron a destellar plenamente en el brillante azul del océano, Bartolomé se acercó corriendo a Cristóbal con una noticia aún mejor. Sobre el horizonte ya podía divisarse la exuberante línea de costa de la isla de Jamaica, cubierta de jungla.

—Sus cálculos eran correctos, almirante —señaló Bartolomé con un evidente tono de alivio en la voz.

Cristóbal sonrió por dentro. A lo largo de su vida le habían acusado de muchas cosas, pero nunca de ser un mal marino.

Conforme se acercaban a Jamaica, Cristóbal pudo observar con mayor detalle la configuración de la costa y ordenó virar varios grados en dirección a un lugar donde la Santa María pudiera atracar. La Santiago siguió también el nuevo curso y, una hora después, ambas naves entraban en una ancha bahía, a la que bautizaron con el nombre de Santa Gloria, bordeada por una playa amplia de brillantes arenas blancas. Una vez más, Cristóbal comenzó a dar órdenes:

—De frente a toda vela. Embarranquemos lo más cerca de la playa que sea posible.

Era la primera vez en su vida que daba una orden semejante. Cuando ambos barcos estuvieron firmemente encallados, las tripulaciones descendieron a la arena y comenzaron a reír y a abrazarse. Fue un momento de gran satisfacción para Cristóbal. Todas aquellas personas dependían de él y había logrado ponerlas a salvo.

Mientras contemplaba la densa selva que se levantaba como un muro tras la línea de la playa, empezó a preguntarse qué les ocurriría a continuación. Ciertamente se habían salvado del naufragio, pero también era cierto que se encontraban abandonados en una bahía despoblada de una isla situada a un océano de distancia de casa, y que nadie más en el mundo sabía que estaban allí. Instintivamente, Cristóbal convocó a los hombres para que celebraran una misa en la playa. Desde pequeño, los servicios religiosos le habían proporcionado esperanza e inspiración e iba a necesitar ambas cosas para poder encontrar el modo de que sus hombres y él pudieran volver a casa.

Capítulo 2

Un chico de Génova

Cristóbal Colón[1] tenía doce años y se encontraba sentado en silencio en la iglesia. Escuchó atentamente mientras el sacerdote recitaba la liturgia de la misa en latín, hasta que, en un momento dado, este comenzó a hablar en su lengua materna, el genovés. Era el 25 de julio de 1463 y el sermón trataba sobre el tema más esperado por Cristóbal cada año, la vida del santo con cuyo nombre había sido bautizado: San Cristóbal, así que dio un pequeño toque con el codo a Bianchinetta, su hermanita, para que ella también prestara atención.

—Ciertamente, la historia de San Cristóbal, cuyo nombre significa «portador de Cristo», es tan conocida que cualquier ciudadano de Génova podría narrarla

1 En los países de lengua española se le conoce como Cristóbal Colón. Su nombre de bautismo era Cristoforo Colombo, y en Italia aún se le llama así. En los países lusófonos su nombre es Cristóvão Colombo y en los francófonos es Christophe Colomb. En los países de lengua inglesa se le conoce como Christoper Columbus.

—comenzó diciendo el cura—. Cristóbal, hombre de gran tamaño, vivía en una pequeña cabaña situada a la orilla de un río de fuerte corriente. Como no había allí un puente que permitiera a los viajeros cruzar las aguas con seguridad, Cristóbal se subía a hombros a los agradecidos viajeros y, apoyándose en un cayado[2] hecho con la rama de un árbol, los transportaba hasta la orilla opuesta del río, depositándolos con toda delicadeza en el suelo.

Una noche, Cristóbal dormía en su cabaña cuando le despertó una voz que lo llamaba por su nombre. Era la voz de un niño que pedía ayuda para cruzar el río. Levantándose del lecho, Cristóbal se subió a hombros al infante y se metió en la corriente. Sin embargo, a medida que avanzaba por el cauce, el peso del niño comenzó a hacérsele insoportable, así que tuvo que utilizar todas sus fuerzas para lograr pasarlo a la otra orilla. Tras depositarlo en el suelo, Cristóbal le comentó al niño su sorpresa, pues nunca había imaginado que un niño tan pequeño pudiera pesar tanto. «No te maravilles», dijo el niño, «pues al llevarme a mí has llevado sobre tus hombres el peso de todo el mundo y el de aquél que lo creó».

Entonces, para probar sus palabras, el niño le dijo a Cristóbal que clavara su cayado en el suelo, cerca de su cabaña, asegurándole que a la mañana siguiente el cayado daría fruto. Cristóbal siguió sus instrucciones y, en efecto, al día siguiente, al salir de su cabaña, vio que su cayado se había transformado en una palmera datilera que florecía con la luz del alba. Gracias a su fidelidad, hoy lo veneramos como «San Cristóbal, el portador de Cristo, el santo patrón de los viajeros».

---

2 Cayado: Palo o bastón corvo por la parte superior, especialmente el de los pastores para prender y retener las reses.

Mientras escuchaba las palabras del sacerdote, Cristóbal se imaginó a sí mismo algún día, de viaje, lejos de Génova, y confiando en San Cristóbal para que le proporcionara seguridad y un buen trayecto.

Cuando terminó la misa, Cristóbal siguió a sus padres, Doménico y Susana, hasta el exterior de la catedral. Allí se detuvo un momento para contemplar las vistas de la ciudad, que se extendía a sus pies. Nunca se cansaba de admirar aquel paisaje. Las laderas de los Apeninos ligures, cubiertas de blancas casas de piedra, descendían suavemente hasta fundirse con el borde de las profundas aguas del resguardado puerto, situado a la entrada del golfo de Génova. Este bullía de barcos procedentes de toda Europa. Algunos habían echado anclas en la bahía, otros se encontraban amarrados a lo largo del muelle y descargaban sus mercancías, o introducían en sus bodegas los mejores productos de la ciudad. Aún otros habían izado sus velas y, pasando frente al faro que custodiaba la entrada al puerto, se dirigían a exóticos lugares que Cristóbal solo conocía de oídas.

Dado que allí había barcos que procedían o se dirigían a tantos destinos lejanos, las calles de la ciudad hervían de marineros y mercaderes de las islas del Egeo, del Oriente Próximo o del norte de Europa y de África. Todo Génova olía y sonaba a mar, y contemplar sus vistas, y ver cómo entraban y salían los barcos, parecía la actividad perfecta para pasar el día de San Cristóbal.

Sin embargo, mientras su padre saludaba a diferentes miembros del gremio de comerciantes, Cristóbal suspiraba con tristeza. La vida que habían planeado para él nada tenía que ver con el mar. Cristóbal Colón estaba a punto de embarcarse en el negocio de las telas, los ovillos y el algodón cardado.[3] Ya tenía doce años, y su padre había anunciado que su hijo seguiría sus pasos y los de su abuelo, y trabajaría como tejedor.

Cristóbal sabía que había oficios mucho peores, o al menos intentaba convencerse de ello. Sin embargo, incluso pastorear ovejas o labrar la tierra eran labores que se hacían al aire libre, algo que él amaba. Mientras que el oficio de tejedor significaba tener que pasar, una hora tras otra, sentado en el telar instalado en la sala común de la casa familiar; la misma habitación en la que comían y recibían a los invitados, pues la otra habitación de la casa era la que utilizaban para dormir. Aquello significaba llevar una vida de reclusión que no le atraía en absoluto, aunque tenía en mente proponer algunas cosas que hicieran su vida más soportable. Cuando fuera un poco mayor, quizá al llegar a la mitad de su período de aprendizaje de tres años, cuando sus hermanos, Bartolomé y Giacomo, se unieran a él en la penumbra del salón familiar, convencería a su padre de que vendiera sus tejidos más al sur, en otros puntos de la costa italiana. Si su padre accedía, tenía la esperanza de que se le permitiera subir a bordo de un barco mercante y llevar en persona los tejidos a esos nuevos mercados.

Mientras llegaba ese momento, los años parecían alargarse infinitamente ante él, como uno de esos carretes de lana que su madre hacía girar. La única cosa buena era que su hermano Bartolomé, que tenía once años, no tardaría mucho en unirse a él, y quizá ambos podrían protegerse del tedio manteniendo animadas conversaciones. Ambos muchachos tenían el cabello de un vivo color rojo, y su padre siempre decía bromeando que, si uno quería tener una buena discusión, lo único que debía hacer era juntar a dos pelirrojos.

3 Cardado: Sacar suavemente el pelo con la carda a los paños, felpas u otros tejidos. Peinar o cepillar el pelo desde la punta hasta la raíz a fin de que, al alisar ligeramente su superficie, quede hueco.

Cuando al fin Bartolomé comenzó a trabajar con Cristóbal en el telar, ambos hermanos aprovecharon las interminables jornadas juntos para intercambiar historias imaginarias de aventuras lejos de casa y soñar con los barcos que los transportarían a aquellos exóticos lugares. Sin embargo, casi ninguno de los familiares de Cristóbal se había alejado nunca más de unas decenas de kilómetros de la ciudad de Génova, y a su padre no le gustaba nada que su hijo bajara al puerto para hablar con los marineros que trabajaban allí. La mayoría de ellos eran gente ruda y peligrosa, solía decir, y a veces secuestraban a niños, los ataban y se los llevaban en sus barcos, llegando a pedir un alto rescate por ellos a sus familias. A pesar de aquellas advertencias, Cristóbal y Bartolomé solían escaparse al puerto siempre que tenían ocasión.

Así pasaron algunos años, hasta que Cristóbal recibió permiso para salir a pescar a lo largo de la costa de Génova, siempre a bordo de pequeños botes. Aquello estaba bien, pero él anhelaba poder alejarse más y ver en persona los lugares maravillosos de los que le hablaban los marineros. Precisamente, fue esa oportunidad la que se le presentó al cumplir veinte años de edad: una rica familia genovesa de armadores[4] le envió como agente comercial a la isla de Quíos, en el este del mar Egeo, a unos pocos kilómetros de Asia Menor. Cristóbal navegó a bordo del Roxana, un gran navío, de tres palos.[5]

Mientras surcaba el brillante mar azul, se sintió especialmente fascinado por el timonel y su capacidad para mantener el rumbo y conocer la posición del

4 Armadores: Empresa que arma o dota un barco para su explotación comercial.

5 Navío de tres palos: Buque grande, de cubierta, con velas y muy fortificado, que se usaba para el comercio, correos, etc.

barco navegando a estima.[6] Le veía observar detenidamente la brújula, calcular la velocidad de la nave y comprobar la dirección y fuerza del viento. Con aquella información, el timonel era capaz de estimar dónde se encontraban y marcar la ubicación del barco en una carta náutica del Egeo. Así, sabía aproximadamente la distancia recorrida y cuánto les quedaba para llegar al destino.

Llevaban ya más de una semana en la mar cuando, un día, la isla de Quíos apareció en el horizonte. A Cristóbal le impresionó la habilidad del timonel, y quedó doblemente impresionado cuando este utilizó de nuevo la navegación a estima para llevarlos a todos de regreso a Génova.

Pero Cristóbal no era el único miembro de la familia Colón que se había enamorado de la vida en la mar. Un día, Bartolomé les anunció a todos que se mudaba a Lisboa, Portugal, con la intención de estudiar cartografía y dedicarse a hacer mapas. Aquella decisión les dejó asombrados y cuando su hermano partió en busca de su nueva pasión, Cristóbal le deseó de corazón la mejor de las suertes.

Sin embargo, la audacia de su hermano Bartolomé hizo que él mismo se llenara de inquietud y comenzase a buscar su propia aventura. En agosto de 1476, a la edad de veinticinco años, Cristóbal se enroló como marinero en un convoy de cinco navíos que debía transportar mercancías a Inglaterra y a Flandes.

Mientras la galera flamenca Bechalla surcaba el mar a toda vela y Génova iba desapareciendo del horizonte, Cristóbal sintió crecer la emoción en su interior. Aquella iba a ser la mayor de sus aventuras hasta la fecha, y la que le iba a llevar más lejos de casa.

---

6 Estima: Concepto aproximado que se forma de la situación del buque por los rumbos y las distancias corridas en cada uno de ellos.

La Bechalla navegó primero en dirección suroeste para alejarse de Génova y luego siguió un rumbo paralelo a las costas francesa y española. Un día, toda la tripulación vio emerger lentamente del mar, hasta aparecer en todo su esplendor ante ellos, la inmensa mole de piedra caliza del peñón de Gibraltar, situado en el extremo sur de España. La vista era impresionante y Cristóbal permaneció en cubierta contemplando el paisaje a estribor (a su derecha) mientras el barco pasaba junto a la gran roca y se introducía en el estrecho de Gibraltar. A babor (a su izquierda), a veintidós kilómetros del puerto de la ciudad, se encontraba la costa norte de África.

El convoy no tardó mucho en atravesar todo el estrecho. El mar Mediterráneo quedó atrás y, por primera vez en su vida, Cristóbal Colón navegó por el océano Atlántico. En ese punto los barcos del convoy tomaron rumbo noroeste surcando el golfo de Cádiz en dirección al cabo San Vicente, el punto más suroccidental del territorio portugués. El capitán le había dicho a Cristóbal que, una vez doblaran ese cabo, pondrían rumbo norte a lo largo de las costas de Portugal, España y Francia, antes de virar al este y atravesar el Canal de la Mancha.

Todo marchaba bien, hasta que el convoy dobló el cabo San Vicente. De repente, apareció por detrás una flotilla de trece barcos piratas bajo el mando del bucanero francés Guillaume de Casenove. Los piratas abrieron fuego sobre los cinco navíos del convoy, que respondieron disparando sus propios cañones. El intercambio de cañonazos duró buena parte del día. Cristóbal veía cómo el capitán de la Bechalla intentaba aprovechar cada pequeño soplo de viento a su favor, maniobrando el barco con el fin de que estuviera en la mejor posición posible para dañar con sus cañones a los barcos piratas que lo atacaban. Cada vez que estos escupían sus proyectiles al rojo vivo hacia las naves enemigas, la Bechalla temblaba violentamente y un estruendo ensordecedor reverberaba[7] por toda la cubierta.

A pesar del valiente esfuerzo de los barcos del convoy genovés, Cristóbal comprendió que no tenían posibilidades. Sencillamente, el desequilibrio de fuerzas era demasiado grande. Pero cuando los barcos piratas comenzaron a acercarse para tomar al abordaje las naves del convoy y poder saquearlas, los marinos genoveses siguieron combatiendo con bravura. Cada vez que los piratas intentaban aproximarse, los tripulantes del convoy catapultaban barriles de alquitrán ardiendo hacia las cubiertas de los barcos enemigos. Aquello funcionó de maravilla y pronto cuatro de las embarcaciones piratas estaban en llamas. Sin embargo, los barcos genoveses se encontraban demasiado cerca de las naves incendiadas, y tres de ellas, incluyendo la Bechalla, no tardaron en empezar a arder también.

Al anochecer, cuatro barcos piratas incendiados yacían en el fondo del océano. A pesar de emplearse a fondo, Cristóbal y los demás marineros de la Bechalla fueron incapaces de sofocar las llamas de su propio barco, que pronto estuvo completamente inundado y comenzó a escorarse a babor. Cristóbal, que había recibido una gran cuchillada en la espalda durante la lucha y sangraba profusamente, se dio cuenta de que en pocos minutos ellos también se hundirían en el fondo del mar, así que decidió que era el momento de abandonar el barco. Saltó por la borda a las frías aguas del Atlántico y comenzó a nadar para alejarse

7 Reverberaba: Dicho de un sonido: Reflejarse en una superficie que no lo absorba.

de la nave. Pronto encontró flotando en el agua el mástil de uno de los barcos piratas hundidos y se agarró a él para mantenerse a flote.

Gracias a los débiles rayos de luz de la última claridad del crepúsculo, Cristóbal logró distinguir en la penumbra la línea de la costa de Portugal, que se distinguía en el horizonte a unos diez kilómetros de distancia; y, a pesar del lacerante dolor que le provocaba cualquier movimiento, comenzó a dar brazadas en dirección a tierra.

Cristóbal pasó una larga y fría noche en el océano, sujetando firmemente el mástil con una mano mientras intentaba impulsarse poco a poco, utilizando los pies y su única mano libre. Finalmente, ya cerca del amanecer, una ola grande lo arrastró y lo depositó en la playa. Exhausto y semiinconsciente, debido al esfuerzo realizado y a la pérdida de sangre, Cristóbal quedó tendido en la arena, mientras su cuerpo era batido por la marea.

Agotado, apenas se dio cuenta cuando unos pescadores lo levantaron del suelo y lo llevaron en volandas hasta su aldea, llamada Lagos. Allí, algunas mujeres vendaron sus heridas y lo cuidaron hasta que recuperó las fuerzas. Cristóbal pasó varias semanas convaleciente en Lagos y, cuando los habitantes del pueblecito supieron que tenía un hermano en Lisboa, le dejaron un burro y lo enviaron hacia el norte, en dirección a la capital portuguesa.

De camino hacia Lisboa, Cristóbal anhelaba el momento de reencontrarse con su hermano Bartolomé. Quizá tuviera nuevos mapas con lugares emocionantes hacia los que navegar. Estaba ansioso por correr su siguiente aventura.

Capítulo 3

Pasión por navegar

Un luminoso día de verano, Cristóbal Colón llegó a Lisboa, la capital de Portugal. Inmediatamente se sintió en casa en medio del bullicio de aquella ciudad portuaria de cuarenta mil habitantes. Solo tardó una hora en encontrar a su hermano, que se alojaba frente al mar, en una posada, y estaba en ese momento muy concentrado conversando con el capitán de un barco.

En lugar de interrumpirlos, Cristóbal observó atento la escena. El capitán hablaba con Bartolomé mientras este iba realizando anotaciones en un mapa del océano que había extendido en la mesa situada entre ambos. Cuando, finalmente, Bartolomé se dio cuenta de que estaba allí su hermano, se puso en pie de un salto y corrió a abrazar a Cristóbal. Este le explicó cómo había acabado en Lisboa y Bartolomé le invitó a sentarse a la mesa con ellos, presentándolo al capitán. A continuación, le explicó que el capitán acababa de regresar de un viaje a lo largo de la costa occidental de África y le ayudaba a actualizar sus cartas de navegación oceánicas con las observaciones más recientes.

Mientras Bartolomé le explicaba el contenido de los mapas, Cristóbal se maravilló de la calidad del trabajo de su hermano. El mapa dibujado a mano que había desplegado encima de la mesa era una verdadera obra de arte. ¡Era impresionante lo mucho que había aprendido Bartolomé en los tres años transcurridos desde que había dejado el negocio familiar de tejeduría en Génova y se había mudado a Lisboa! Su hermano le explicó que solo había dibujado en el mapa aquellos accidentes geográficos que eran útiles para la navegación. De una serie de rosas de los vientos dibujadas en el océano, partían distintas líneas en todas direcciones. Le explicó que se llamaban líneas loxodrómicas,[1] y gracias a ellas los marinos podían estimar su posición y derrota, siguiendo las loxodrómicas de una rosa a otra. El capitán añadió que las cartas de navegación de Bartolomé eran muy útiles y precisas.

Cuando terminó la reunión, Bartolomé llevó a su hermano a hacer un recorrido por Lisboa. Mientras paseaban y charlaban, Cristóbal se dio cuenta de que la ciudad le recordaba un poco a Génova, aunque era mucho más cosmopolita. Lisboa se alzaba a unos doce kilómetros, aguas arriba, de la desembocadura del río Tajo, en un punto en que el cauce del río se ensanchaba hasta transformarse en un verdadero lago. Bartolomé le explicó que Lisboa tenía tres zonas distintas: la ciudad baja, que se extendía por una estrecha franja de terreno llano situada entre la orilla

1 Loxodrómica (co): Perteneciente o relativo a la loxodromia. Curva que en la superficie terrestre forma un mismo ángulo en su intersección con todos los meridianos, y sirve para navegar con rumbo constante.

del río y las colinas; la ciudad alta, que subía por las laderas de las colinas hacia el noroeste; y el barrio de Alfama, el viejo barrio árabe de la ciudad, fundado por los árabes tras invadir y controlar la península ibérica en el 711. Esta última sección se alzaba sobre las colinas situadas al noreste. Como Portugal era el país más occidental de Europa, sus puertos estaban todos situados en el océano Atlántico, y de ellos partían las carabelas que navegaban hacia el sur, a lo largo de la costa oeste de África, o hacia el archipiélago de las Azores. A los puertos portugueses también llegaban barcos con mercancías procedentes de todos los países conocidos, y el mayor de todos aquellos puertos era el de Lisboa. Cristóbal quedó fascinado al ver atracados allí barcos procedentes de Flandes, Noruega, Dinamarca, Inglaterra, Génova, Venecia y Berbería.

Cristóbal sabía que la importancia de Portugal como nación marinera se debía sobre todo a la visión del príncipe Enrique, tercer hijo del rey Juan I de Portugal y su esposa inglesa. El príncipe Enrique había muerto en 1460, dieciséis años antes. A Cristóbal le habría gustado llegar a conocer, aunque fuera brevemente, a aquel hombre tan influyente en la historia de la navegación oceánica. No es que el príncipe Enrique hubiera sido un marino brillante o un experto cartógrafo, sino que había sido la persona providencial. El príncipe había tenido el dinero y la iniciativa suficientes como para congregar a su alrededor a los mejores navegantes, diseñadores de barcos, matemáticos, cartógrafos, astrónomos y fabricantes de instrumentos de navegación de toda Europa, e incluso del mundo musulmán. «¡Qué tiempo tan interesante había sido ese!», se dijo a sí mismo Cristóbal mientras paseaba por el litoral lisboeta.

Desde 1418 en adelante, el príncipe Enrique había patrocinado muchos viajes de exploración con la esperanza de encontrar una nueva ruta hacia las Indias, donde se encontraban los principales productores de una mercancía muy apreciada y que no crecía en Europa: la pimienta. Aquella especia se utilizaba para lograr que la comida en mal estado pudiera seguir siendo comestible. El clima caluroso de los países del Mediterráneo hacía que los alimentos comenzaran a estropearse después de un día o dos de haber sido preparados. Aunque la pimienta era extremadamente cara, los que podían permitírsela aseguraban que poder sazonar con pimienta un trozo de carne que hubiera empezado a pudrirse hacía que valiera la pena todo el dinero pagado por la especia.

Casi toda la pimienta que llegaba a Europa lo hacía por tierra desde Asia, a través de la importante ciudad de Constantinopla. Pero en 1453, dos años después del nacimiento de Cristóbal, la antigua ciudad cristiana fue conquistada por los turcos otomanos musulmanes, que la habían transformado en la capital de su creciente imperio. Desde ese mismo momento, los otomanos comenzaron a restringir el flujo comercial que pasaba, de camino a Europa, por la ciudad recién conquistada. Debido a ello, los mercaderes europeos buscaban con desesperación una ruta hacia el este que no tuviera que atravesar Constantinopla, y que asegurara la llegada a Europa de los envíos de pimienta, así como de otras especias y productos.

Bajo el patronazgo del príncipe Enrique, los más hábiles capitanes del mundo conocido habían descubierto el archipiélago de las Azores, la isla de Madeira, y las islas de Cabo Verde. En 1434, el capitán Gil Eanes había doblado el cabo Bojador, un promontorio situado en la costa occidental de África. Antes de que él lo lograra, los marinos temían que fuera imposible navegar hacia el sur y más allá de la línea del Ecuador, pues se suponía que las aguas situadas en esas latitudes estaban llenas de monstruos marinos. Ahora, al mirar al sur, Cristóbal sabía que los barcos portugueses solían surcar con normalidad las aguas de la costa occidental de África, intentando llegar cada vez a zonas más meridionales.

Todo aquel conocimiento hacía volar la imaginación de Cristóbal, pero también lo dejaba frustrado. Le habría encantado haber sido uno de esos sabios que el príncipe Enrique había reunido a su alrededor. Sin embargo, aunque el príncipe Enrique hubiera seguido vivo, sabía que él jamás habría podido formar parte de aquel selecto grupo. Debía afrontar la realidad, era analfabeto. A pesar de vivir en una época en la que la invención de la imprenta hacía que eruditos de todas las naciones compartieran todo tipo de información e ideas a través de los nuevos libros impresos, él no era capaz de leerlos. Cristóbal tomó la decisión de hacer algo al respecto. Ya tenía veinticinco años, pero aún no era demasiado tarde para mejorar en su formación. Se quedaría en Lisboa y aprendería a leer y a escribir.

Cristóbal puso en práctica su plan. Se levantaba cada mañana antes del amanecer para rezar. A continuación, tomaba un libro de gramática y una pluma y se esforzaba en aprender a leer y escribir en portugués y en castellano. El castellano era importante porque era la lengua que se hablaba en la vecina España, y en Portugal también lo hablaba mucha gente culta (Cristóbal no había aprendido a leer ni escribir en genovés porque era un dialecto local, y no una lengua escrita). Al principio fue duro, pero no tardó en adquirir los rudimentos de la lectura y la escritura, y de aprender a hablar ambos idiomas, a pesar de hacerlo con acento genovés. Una vez hubo aprendido a hablar portugués y castellano, se embarcó en la tarea de aprender por su cuenta latín, la lengua en la que estaban escritos muchos libros antiguos y también nuevos.

Mientras aprendía a leer y escribir, su hermano pequeño le enseñaba a dibujar mapas a mano alzada y reproducirlos después con un cincel sobre madera, de forma que pudiera usarse la talla para imprimir copias del mapa. Se trataba de una tarea que exigía muchas horas de trabajo y concentración, pero a Cristóbal no le aburría, porque le permitía pensar en los lugares no cartografiados del océano y en cómo navegar bien.

Tras aprender a leer, uno de los primeros libros que leyó fue el relato de Marco Polo sobre su viaje de ida y vuelta a Catay (China), titulado *El millón o Libro de las maravillas*. Unos doscientos años antes, tras regresar de Catay, Marco Polo había sido encarcelado en Génova. Cristóbal recordaba haber visto de niño la vieja cárcel y haberse preguntado cómo se habría sentido Marco Polo durante su encierro, mientras dictaba sus experiencias a un compañero de prisión. En la lectura de las memorias del viajero, Cristóbal aprendió que en las Indias había tres regiones: India, Catay y Cipango (Japón). Leyó y releyó algunos pasajes de su relato hasta aprendérselos de memoria, y aquellos lugares remotos de los que hablaba Marco Polo se hicieron muy reales en su mente. El libro de Marco Polo hablaba de rubíes, perlas y zafiros, así como de enormes minas de oro y plata. También decía que los habitantes de Catay tejían con una seda que se extraía de ciertos gusanos, y hablaba de varias especias exóticas que crecían en las Indias. Otra cosa que aprendió en el libro fue que, frente a las costas de Catay, había mil trescientas setenta y ocho islas y que, a unos quinientos kilómetros (trescientas millas) al este de la costa, estaba la dorada isla jardín de Cipango. Cristóbal tomaba notas de todo lo que leía y aprendía, y su mente regresaba una y otra vez a las Indias que Marco Polo había descrito.

Al año siguiente, cuando ya había logrado convertirse en un competente cartógrafo, Bartolomé y él pusieron en marcha su propio negocio de cartografía. Aunque no les permitió ganar tanto dinero como habían pensado, aquel emprendimiento permitió a Cristóbal tener la oportunidad de hacer lo que más le gustaba: bajar al puerto de Lisboa para entrevistar a los capitanes y marineros que acababan de regresar, tras recorrer mares lejanos. También sentía la satisfacción de saber que, con cada arrecife o bajío que incluía en sus mapas, hacía la navegación un poco más segura para aquellos que navegaban con las cartas que Bartolomé y él dibujaban.

De vez en cuando, también se le ofrecía la oportunidad de hacerse a la mar. En cierta ocasión, una compañía comercial genovesa establecida en Lisboa le ofreció un puesto como marinero en un barco que transportaba mercancías a Inglaterra e Islandia. Cristóbal disfrutó enormemente del viaje. No dejó de tomar notas sobre los vientos dominantes o la posición de las estrellas, e intentó aprender del capitán todo lo que pudo acerca del arte de navegar. El barco recorrió hacia el norte toda la costa de Portugal, España y Francia, dirigiéndose a continuación hacia el extremo sudoccidental de Inglaterra, para subir después hacia el puerto de Bristol. Desde allí, el barco siguió su curso al norte a través del mar de Irlanda, hasta virar al noroeste en dirección a Islandia. La isla de Islandia estaba situada en el mismísimo borde del mundo conocido y no se parecía a ningún otro lugar que hubiera visto jamás. Sus tierras eran abruptas y de origen volcánico y, de algunos lugares, salían unos chorros de vapor procedentes del interior de la tierra que parecían permanecer suspendidos en el aire. Las mareas eran allí extremadamente altas y, según le contaron, en invierno los días eran muy cortos. El clima era sumamente duro y, aunque estaban en pleno verano, hacía más frío que en Portugal durante el invierno.

Tras descargar las bodegas del barco, el capitán decidió poner de nuevo rumbo al norte, con el fin de explorar un poco aquella zona. Cristóbal y el resto de la tripulación izaron las velas y el barco subió por la costa occidental de Islandia. Luego siguieron navegando hacia el norte, hasta que llegó un momento que ninguno de los tripulantes del barco había estado jamás en una latitud tan septentrional.[2] No tenían mapas con los que guiarse por aquellas aguas, así que dependían por completo de las habilidades marineras del capitán y su capacidad para orientarse mediante la observación de las estrellas.

El barco siguió navegando unos ciento sesenta kilómetros hacia el norte hasta que, al fin, el capitán dio la orden de virar hacia el sur, en dirección al puerto de Galway en Irlanda. Allí arribaron al cabo de algunos días. Durante su estancia en la isla, Cristóbal escuchó la historia de San Brandán, un monje irlandés que había partido en una barcaza y navegado hacia el oeste, rumbo a lugares ignotos.[3] Según se decía, San Brandán había descubierto unas islas desconocidas e incluso había desembarcado en una de ellas, que resultó ser el lomo de una ballena. También decían que había encontrado allí una sirena.

2 Septentrional: Perteneciente o relativo al septentrión. Del norte.
3 Ignotos: No conocido ni descubierto.

Cuando subió de nuevo a bordo y partió de Galway rumbo al sur, en dirección a Lisboa, Cristóbal se sentía eufórico por todo lo que había aprendido y visto durante aquel viaje. Aquella travesía había logrado reavivar su pasión por recorrer los mares y esperó ansioso la siguiente ocasión de poder embarcarse. Esta se presentó cuando otra compañía mercante genovesa le contrató como agente comercial. Su misión era dirigirse a la isla de Madeira para comprar un cargamento de azúcar.

Cristóbal partió entusiasmado hacia aquel lugar, situado a mil ochocientos kilómetros al suroeste de Lisboa. Madeira, el archipiélago de las Azores y las recientemente descubiertas islas de Cabo Verde eran los territorios más occidentales del mundo conocido. Al igual que en su anterior viaje, Cristóbal anotó la velocidad y dirección del viento, así como cualquier otro dato importante para la navegación. La travesía en sí resultó ser la parte más provechosa del viaje. Cuando llegaron a Madeira, los plantadores de azúcar se negaron a entregar su producción a crédito a la compañía comercial de Génova, y Cristóbal no tuvo más remedio que regresar a casa con las manos vacías.

Hacia 1478, Cristóbal Colón se había integrado plenamente en la sociedad portuguesa y era una persona respetada. Sabía leer y escribir, era dueño de un próspero negocio de cartografía y tenía muchos amigos. A sus veintisiete años, decidió que ya solo le faltaba una cosa, casarse. Se interesó en Doña Felipa Perestrello Moniz, la hija de veinticinco años de una familia portuguesa perteneciente a la nobleza. El padre de Felipa, Bartolomeu, fallecido algunos años antes, había sido un conocido navegante a las órdenes del príncipe Enrique. Como recompensa por sus servicios, Bartolomeu había recibido el título de señor de Porto Santo, una de las islas del archipiélago de Madeira.

Cristóbal y Felipa se casaron a finales de verano y, acompañados por la madre de ella, partieron de inmediato a celebrar su luna de miel en Porto Santo. La isla, situada al noreste de Madeira, media once kilómetros de largo, era desértica y no crecía allí ni un árbol. Al poco de llegar, la madre de Doña Felipa le entregó a Cristóbal varios baúles que contenían los documentos, cartas de navegación y registros de su fallecido esposo. Cristóbal los leyó con atención y, como de costumbre, estudió los vientos dominantes y añadió sus propias notas a las que Bartolomeu Perestrello ya había realizado en los mapas y cartas de navegación.

Pasado un año de su boda, Cristóbal y Felipa aún se encontraban en Porto Santo y ella había dado a luz a un niño, al que llamaron Diego. Un año más tarde, los tres se mudaron a Funchal, en la isla de Madeira. En 1482, Cristóbal se enroló en un convoy real que partió desde Madeira rumbo al puesto comercial portugués de São Jorge da Mina, situado en Guinea, en la costa de África. Al igual que en los viajes anteriores, aprovechó para aprender todo lo que pudo sobre el arte de navegar y pilotar una nave. Practicó la navegación a estima y aprendió a calcular la latitud a partir de la observación de la Estrella Polar. Una vez más, prestó mucha atención a los vientos dominantes. Fue durante este viaje cuando, al observar las anotaciones que había hecho en un mapa, se dio cuenta de algo interesante: cuanto más al sur avanzaban, más fuertes eran los vientos que soplaban de este a oeste. La travesía también proporcionó a Cristóbal un montón de información práctica sobre el tipo de provisiones necesarias para un largo viaje por mar, así como sobre la mejor manera de almacenarlas a bordo de un barco. También tomó nota del tipo de bienes más apreciados por los nativos de la costa africana.

A los treinta y dos años, Cristóbal podía mirar atrás y sentirse satisfecho de su trayectoria. Había empezado su vida como el hijo analfabeto de un tejedor de Génova y se había convertido en un respetable miembro de la alta sociedad portuguesa. Podía leer en portugués, español e incluso en latín; y era un orgulloso marido y padre. Además, había navegado a lo largo de las costas de la mayor parte del mundo conocido: desde el círculo polar ártico, al norte de Islandia, hasta la línea del ecuador. Se suponía que todos aquellos logros debían hacer que se sintiera satisfecho, pero no era así. Cristóbal anhelaba una nueva aventura, algo casi inimaginable: navegar hacia el oeste hasta llegar a las Indias.

Al principio no compartió su idea con casi nadie. En lugar de ello, prefirió dedicarse a reunir en una lista todas las razones por las que pensaba que se podía llegar a las Indias sin tener que rodear África, sino navegando hacia el oeste a través de la Mar Océana, nombre que recibía la extensión del océano Atlántico situada allende las Azores. Todos los días repasaba la lista e iba añadiendo nueva información y mejorándola, hasta concluir que existían seis sólidas razones por las que aquella loca aventura tenía posibilidades de salir bien:

Primera. El capitán de un barco le había informado del avistamiento de una plancha tallada de madera que flotaba en el mar a cientos de kilómetros al oeste del cabo San Vicente. Según Cristóbal, aquella madera tallada solo podía proceder de Catay.

Segunda. A la playa de una de las islas de Azores habían llegado dos cadáveres, arrastrados por la marea. Según testigos oculares, no eran europeos: su piel era oscura y sus narices chatas.

Tercera. Ya en la antigüedad, los griegos y los egipcios cultos sabían que la tierra era una esfera. Únicamente, se ignoraba su tamaño. Los griegos habían dividido la esfera en 360 grados de longitud y latitud, pero nadie sabía cuánto medía cada grado. Cristóbal se había propuesto descubrirlo. Tras consultar los escritos de muchos eruditos antiguos, entre ellos los del astrónomo y geógrafo Ptolomeo, llegó a la conclusión de que cada grado de longitud medía noventa kilómetros, por lo que estimó la circunferencia de la tierra en unos veintinueve mil kilómetros. Por lo tanto, teniendo en cuenta la posición de Portugal, llegó a la conclusión de que si navegaba hacia el oeste no tendría que recorrer un gran trecho de océano para llegar a las Indias.

Cuarta. Cristóbal había leído hace poco un libro de geografía titulado *Descripción del mundo o Imago Mundi*, escrito hacía más de setenta años por un cardenal francés, Pierre d'Ailly, pero impreso recientemente. En el margen de una de sus páginas, Cristóbal había anotado: «España y las Indias no están lejos, sino cerca, y es evidente que, con buenos vientos, podría cubrirse la distancia entre ambos lugares en unos pocos días».

Quinta. En una carta a Cristóbal, el cosmógrafo florentino Paolo dal Pozzo Toscanelli le decía: «Entiendo tu noble y gran deseo de ir a los lugares donde crecen las especias». También le aseguraba que el viaje no solo era posible, sino «honroso… y el más glorioso que pudiera hacer un cristiano».

Sexta. Un versículo del libro cuarto de Esdras, incluido en la Vulgata, la versión latina de la Biblia, decía: «seis partes tú secaste». Según Cristóbal, eso quería decir que seis séptimas partes de la superficie del planeta estaban secas, y solo la séptima parte estaba cubierta de agua.

Para cuando terminó de redactar su lista, Cristóbal ya pensaba en su nueva aventura en términos de una misión divina que Dios le había encomendado. Tal y como sugería la versión latina de su nombre, él sería el encargado de llevar la luz de Cristo a tierras desconocidas. Con esta firme idea en su cabeza, se hizo a sí mismo una promesa: dedicaría el resto de su tiempo y energías a buscar una ruta occidental hacia las Indias, a través de la Mar Océana. Hasta sabía cómo se llamaría su nueva misión: la Empresa de Indias.

Capítulo 4

Rechazado y desmoralizado

A principios de 1484, Cristóbal Colón se encontraba en la corte real, a la espera de que le recibiera en audiencia el rey de Portugal, Juan II, sobrino de veintiocho años del fallecido príncipe Enrique. Su intención era explicarle al monarca su plan de navegar hacia el oeste, abriendo una nueva ruta hacia las Indias. Esperaba que, tras escuchar su plan, Portugal apoyara económicamente la expedición. Mientras aguardaba a que le introdujeran en presencia del rey, paseaba nervioso de un lado a otro, orando y recitando en su mente algunos versículos del Antiguo Testamento que había aprendido de memoria: «Las costas vieron, y tuvieron temor; los confines de la tierra se espantaron; se congregaron, y vinieron» (Isaías 41:5); «Ahora se estremecerán las islas en el día de tu caída» (Ezequiel 26.18); «Dominará de mar a mar, y desde el río hasta los confines de la tierra» (Salmos 72:8). Cristóbal había llegado a creer que todos aquellos versículos indicaban que era la voluntad de Dios que él encontrara una nueva ruta para llegar a Oriente, y para él suponían la garantía de lograrlo. Pero sus motivaciones no eran solo espirituales, también tenía un interés personal en desear que su plan de navegar por occidente hasta las Indias tuviera éxito, pues pensaba pedirle al rey una buena recompensa por sus servicios. Pensaba pedir un porcentaje de todas las riquezas que se trajeran de allí y solicitar al rey que le nombrara gobernador de cualquier isla que descubriera de camino a las Indias. Aquellas peticiones le parecían a Cristóbal muy razonables. Al fin y al cabo, él iba a ser quien arriesgara la vida navegando a través de la Mar Océana.[1]

Finalmente, llamaron a Cristóbal y fue conducido a la presencia del rey Juan. Este lo recibió sentado en su trono, sobre un estrado no muy alto. Tras la dar la bienvenida a Colón a la corte real le pidió que expusiera su plan. Cristóbal desenrolló entusiasmado las cartas de navegación y los mapas que había llevado consigo, y comenzó su presentación. Cada vez que quería reforzar un argumento, señalaba en los documentos los detalles que apoyaban las ideas expuestas. Sin embargo, a pesar del entusiasmo con el que defendía su proyecto, le fue imposible no ver lo aburrido que parecía el joven monarca. ¡Cómo le habría gustado a Cristóbal haber explicado su plan al fallecido tío del rey! Estaba seguro de que el príncipe Enrique jamás habría

1 Mar Océana: Deriva del término griego Okeanós. Para los antiguos griegos, ese era le nombre del mar, que conforme a la idea de una tierra plana, rodeaba la tierra como un anillo por el exterior; en oposición al mar interior, es decir, el Mediterráneo, aunque los griegos imaginaban esa masa de agua exterior no como un mar, sino como un río circular sin principio ni fin. Con el tiempo, el término pasó a tener un valor de adjetivo, utilizado para designar algo de gran tamaño. Con ese sentido en castellano se llamaba La Mar Océana al Atlántico por ser un mar de gran extensión.

mostrado aburrimiento, pues su interés por las exploraciones era de sobra conocido. En cambio, el rey Juan no solo parecía aburrirse, sino que interrumpía a Cristóbal, una y otra vez, con la misma irritante pregunta:

—¿No cree que ya estamos muy cerca de encontrar y rodear el extremo meridional de África?

Cristóbal le respondía también siempre de la misma forma: no sabía si algún capitán portugués llegaría alguna vez hasta el punto más meridional de África, ni cuándo lograría hacerlo. Además, en realidad daba igual, ya que, si él encontraba una forma más sencilla y rápida de llegar a las Indias, el descubrimiento del extremo meridional de la costa africana se volvería irrelevante.

—Pero Portugal ha dedicado ya cincuenta años de exploraciones marítimas a averiguar cómo rodear África para llegar a las Indias —respondió el rey Juan—, y creo que estamos muy cerca de conseguirlo. No obstante, el plan que nos expone resulta interesante. Lo presentaré a una comisión formada por los hombres más sabios de Lisboa y se le informará cuando haya tomado una decisión.

Aquellas palabras del rey pusieron fin a la reunión y Cristóbal abandonó el salón del trono. No era la respuesta que él había querido, pero se consoló a sí mismo con el pensamiento de que, al menos, el rey no se había negado en redondo a llevar a cabo la expedición. Cristóbal estaba seguro de que, tras estudiar el tema, la comisión recomendaría al rey que apoyara su propuesta de buscar una ruta a las Indias por el oeste.

Durante los siguientes días, Cristóbal hizo todo lo que pudo para mantenerse al tanto de las deliberaciones de la comisión. Esta estaba formada por varios altos dignatarios religiosos y dos médicos judíos con profundos conocimientos de cosmología[2] y astronomía. A principios de enero de 1485, Cristóbal quedó desolado al recibir la noticia de que la comisión consideraba su plan ridículo e imposible de llevar a cabo. Por lo visto, los miembros de la comisión consideraban que se había equivocado en veintinueve mil kilómetros al calcular la circunferencia de la tierra. Ellos creían que el globo terráqueo era mucho más grande y que los cinco mil kilómetros que, según Cristóbal, había que navegar para llegar a las Indias no eran realistas. El comité opinaba que para llegar a su destino era necesario recorrer, como mínimo, el doble de esa distancia, y que ningún barco podía llevar víveres suficientes para un trayecto tan largo. Pero, sobre todo, consideraban excesivas sus exigencias respecto a las recompensas y honores que debía recibir por sus descubrimientos.

Cuando se enteró de la respuesta del comité, Cristóbal se quedó perplejo. Había estado tan convencido de que era la voluntad de Dios que él descubriera una ruta más corta hasta las Indias que, ahora que se había quedado sin el apoyo necesario para poder llevarlo a cabo, ya no sabía qué hacer. A pesar de ello, escribió lo siguiente en su diario: «El Señor ha cerrado los ojos y los oídos del rey Juan, ya que no he logrado hacerle entender lo que quería decir».

Poco después de recibir aquel duro golpe, le sorprendió mucho enterarse de que, al parecer, el rey Juan le había tomado más en serio de lo que él pensaba. A pesar de haber rechazado su plan, el monarca decidió enviar en secreto una carabela a recorrer la ruta propuesta por Cristóbal para llegar a las Indias. Para

2 Cosmología: Parte de la astronomía que trata de las leyes generales, del origen y de la evolución del universo. Conocimiento filosófico de las leyes generales que rigen el mundo físico.

poder orientarse, el capitán de la nave recibió la información y los mapas que Cristóbal había entregado a la corte real. Por lo visto, la carabela expedición había partido con gran determinación desde el archipiélago de Cabo Verde, frente a la costa de África, pero al cabo de unas semanas regresó derrotada a puerto. El capitán declaró que era imposible cruzar la Mar Océana.

La traición del rey Juan enfureció a Cristóbal, y la cada vez más decepcionante actitud de la corte portuguesa lo llenó de amargura. Mientras pensaba qué haría a continuación, sufrió en su propia casa el embate de la tragedia. Una corta enfermedad se llevó a su esposa, Doña Felipa, quien partió de este mundo dejándolo a cargo de su hijo Diego, de cinco años. Cristóbal se quedó solo y sin un proyecto claro de futuro.

No obstante, aquella situación duró poco tiempo. Pronto, Cristóbal llegó a la conclusión de que la muerte de su esposa tenía que ser una señal de Dios. Sin llamar la atención, empezó a prepararlo todo para abandonar Lisboa y establecerse en España, con la esperanza de ser mejor recibido por la corte real de la nación vecina. A pesar de ello, previendo la posibilidad de que Fernando e Isabel, los reyes de España, tampoco aprobaran su proyecto, Bartolomé y él idearon un plan alternativo. Decidieron cerrar su negocio de cartografía y emprender rumbos distintos: mientras Cristóbal probaba suerte en España, Bartolomé viajaría a Inglaterra para ofrecerle al rey Enrique VII el patrocinio del viaje a las Indias. Si fracasaba, marcharía a Francia para intentar lograr el apoyo de Carlos VIII. Los hermanos Colón esperaban que algún rey europeo les entregara los barcos y las provisiones necesarias para poder emprender, al fin, el viaje hacia occidente.

Por su parte, Cristóbal decidió establecerse en el suroeste de España. Partió a la región de Andalucía, concretamente a Huelva, ciudad situada allí donde los ríos Tinto y Odiel confluyen para desembocar juntos en el Atlántico, con la intención de dejar a Diego al cuidado de una hermana de su fallecida esposa. A principios de verano de 1485, el pequeño barco que llevaba a Cristóbal y Diego se acercó a la isla Saltés, en la desembocadura de ambos ríos. Desde allí pudo contemplar el puerto de Palos, que, si bien no era tan grande como el de Lisboa, era uno de los puertos más importantes de la costa andaluza. De Palos salían barcos que llevaban mercancías desde España a muchos lugares de Europa. Además, era la base de una compañía de navíos de Palermo que, tras haber recibido una patente de corso por parte de la reina Isabel, se dedicaba a realizar incursiones por la costa de Guinea. Gracias a ambos factores, poseía una gran tradición marinera, que Cristóbal aprovecharía más adelante. Tras avanzar corriente arriba por la confluencia de los ríos, Cristóbal vio algo que llamó su atención: un monasterio franciscano, la orden fundada por San Francisco de Asís en 1209. Uno de los marineros le dijo a Cristóbal que aquel monasterio se llamaba La Rábida.

El barco atracó en Palos y, como no tenían otro lugar a dónde ir, Cristóbal y Diego, caminaron los algo más de seis kilómetros que los separaban del monasterio, sabiendo que, conforme a la regla de su fundador, los franciscanos ofrecerían su hospitalidad a cualquiera que se presentara ante sus puertas. Mientras subían la cuesta que conducía hasta allí, Cristóbal se sentía apesadumbrado. Su esposa había fallecido, tenía que cuidar sin ayuda a su hijo de cinco años y había cerrado su negocio de mapas. Su futuro parecía desalentador y se preguntaba si se habría entregado demasiado a la búsqueda de la pasión que le consumía: navegar rumbo al oeste, hacia las Indias.

Al llegar al monasterio, Cristóbal golpeó con los nudillos la pesada puerta de madera. Poco después, esta se abría de par en par y un monje llamado Antonio de Marchena salía a recibir a Cristóbal y Diego, invitándoles a tomar un plato de sopa y algo de pan. Mientras comían, Cristóbal comenzó a conversar con Antonio y, para su sorpresa, descubrió que el monje era un verdadero erudito, cuyos conocimientos de astronomía y navegación le dejaron impresionado.

Padre e hijo pasaron allí la noche y, al llegar la mañana, Cristóbal reanudó su conversación con el monje. Era como si hubiera encontrado un alma gemela. El entusiasmo de aquel fraile ante todo lo que tuviera que ver con la mar y las exploraciones convenció a Cristóbal de que aquel encuentro no podía ser casual, así que decidió abrirle su corazón y compartir con él el propósito que le había llevado a España. Cuando hubo terminado de exponerle las razones por las que pensaba que era posible hallar un camino hacia las Indias por occidente, Marchena quedó tan convencido como el propio Cristóbal de que aquella empresa tendría éxito y decidió apoyarlo ante la corte con todas sus fuerzas.

Al día siguiente, cuando Cristóbal abandonó el monasterio para dejar a Diego con su cuñada en Huelva, iba provisto de una carta de recomendación de Marchena. Esta estaba dirigida a otro fraile, el eminente Hernando de Talavera, confesor de la reina, que años más tarde llegaría a ser arzobispo de Granada y regente de Castilla. Marchena pensaba que Hernando de Talavera, gracias a su cercanía a la reina, sería el hombre perfecto para hablarle a los reyes de aquel extranjero y su maravilloso proyecto, y lograr que Fernando e Isabel accedieran a recibirlo.

Cristóbal, que había llegado a Palos abatido y sin una idea clara respecto a su futuro, sintió una vez más como si la providencia divina guiara sus pasos, y se llenó de esperanza. Tras dejar a su hijo a los cuidados de su familia, se dirigió a Córdoba, donde se encontraba por entonces la corte real. Allí, tal y como había planeado, pudo entregar a Hernando de Talavera la carta de Marchena. El fraile quedo impresionado por la calurosa recomendación que su amigo hacía de Cristóbal, y aunque no le convenció aquel proyecto, no dudó en iniciar los trámites para que este pudiera ser recibido por los reyes.

Lo que Cristóbal no sabía es que la administración española no funcionaba como la portuguesa. Antes de ser presentado a los monarcas, cualquier proyecto tenía que pasar primero por el Consejo Real, que estudiaba su contenido. Mientras esperaba la deliberación del Consejo, Cristóbal aprovechó para hacer amistades en la corte y visitar la magnífica ciudad, que en su época musulmana había sido la segunda mayor ciudad de Europa, solo superada por Constantinopla.

En el año 711, un ejército árabe y bereber había partido del norte de África e invadido la mayor parte de la península ibérica. Durante cinco siglos, los musulmanes habían gobernado sobre más de dos tercios del territorio peninsular. Pero el norte, dividido en pequeños reinos, había logrado permanecer en manos cristianas. Con el paso del tiempo, el gobierno musulmán del sur de la península se fue debilitando y los reinos del norte se aliaron para ir expulsando a los invasores de lo que había sido el reino visigodo de España. En 1212, la derrota de los musulmanes en la batalla de las Navas de Tolosa marcó un punto de inflexión en su dominio sobre la península, que entró en franco declive. Sin embargo, en la época de Cristóbal todavía quedaba un pequeño reino musulmán en el sur de España, el reino de Granada. El matrimonio entre el rey

Fernando de Aragón y la reina Isabel de Castilla había unido la mayoría del territorio español en un solo reino. En aquel momento, el objetivo de ambos reyes era acabar con ese último bastión musulmán en la península ibérica. El motivo de que la corte real se hubiera trasladado a Córdoba era, precisamente, supervisar el asedio cristiano a la ciudad de Granada.

El Consejo Real se reunía en el alcázar cordobés y, cada mañana, Cristóbal acudía puntualmente a sus puertas para consultar la lista de los asuntos a tratar ese día y la de las personas que entrarían a informar. Al fin, un día vio su nombre en la lista. Pronto, pensó, obtendría la aprobación del Consejo y el proyecto podría ponerse en marcha.

Sin embargo, la reunión resultó de lo más decepcionante. Tras escuchar sus argumentos, el consejo se mostró completamente en contra de presentar a los reyes aquel proyecto. Los esfuerzos del reino estaban totalmente concentrados en la derrota del último reino musulmán y aquella aventura fantasiosa no parecía en absoluto oportuna. Cristóbal no podía creer lo que oía, pero esta vez no se dejó desanimar. Consciente de la gran amistad que unía a Hernando de Talavera con su amigo Marchena, supuso con acierto que este no querría defraudar a su amigo, así que suplicó al influyente fraile que le ayudara a ponerse en contacto por carta con los reyes, a quienes rogó que se formara una comisión de sabios en la que hubiera cosmógrafos[3] y expertos en navegación, que pudieran valorar correctamente sus planes.

De nuevo tuvo que esperar. El año de 1485 iba tocando a su fin cuando, en octubre, Cristóbal fue convocado de nuevo a la corte, que por entonces se

3 Cosmógrafo: Especialista en cosmografía. (Descripción astronómica del mundo).

encontraba en Alcalá de Henares, ciudad famosa por su antigua universidad y sus eruditos. Esto aumentó la expectativa de Cristóbal de encontrar allí quién pudiera hacer justicia a su proyecto. Cuando parecía que al fin iba a conocer personalmente a los reyes, surgió un nuevo obstáculo: la reina estaba a punto de dar a luz. El 15 de diciembre, nació la infanta Catalina, que un día se transformaría en la reina consorte de Inglaterra. Cristóbal tenía que esperar a que la reina se recuperara del parto.

Por fin, el 20 de enero de 1486, casi un año después de su llegada, fue convocado al palacio arzobispal de Alcalá de Henares para tener su primera audiencia con los reyes de España. Cristóbal acudió a la cita con un mapamundi hecho por él mismo y por su hermano Bartolomé y sintió de inmediato una gran conexión con Isabel, quien por su aspecto podría haber pasado por su propia hermana. Ambos tenían aproximadamente la misma edad, los mismos ojos azules y el mismo cabello cobrizo, y los dos tenían también la misma fe devota y sentían idéntica pasión por lograr más conversiones a Dios y a la iglesia.

El rey y la reina lo recibieron vestidos con sus ropajes reales, ceñidos con sus coronas y sentados, uno junto al otro en sus tronos. Cristóbal desplegó ante los monarcas todo su entusiasmo. Les describió las tierras que esperaba descubrir: la isla de Cipango[4] (Japón) Catay (China), la India, sus fabulosas riquezas, y cómo todos aquellos territorios se encontraban a una distancia perfectamente navegable desde las islas Canarias, en la costa de África, archipiélago que pertenecía a España. Aunque la reina Isabel pareció, por sus

4 N. del t.: Colón creía que Japón se encontraba a unos cinco mil kilómetros (tres mil millas). En realidad, la distancia es de casi dieciocho mil kilómetros (once mil millas). Además, el continente americano estaba situado unos mil kilómetros (seiscientas millas) más lejos de donde él esperaba encontrar Cipango.

continuas preguntas, mostrar más interés que el rey Fernando, este se mostró tan impresionado que, tras terminar la entrevista, mandó adquirir un ejemplar de la Geografía de Ptolomeo, cuyos argumentos había utilizado Cristóbal. No obstante, la reunión se acababa y los reyes no parecían tomar ninguna decisión definitiva respecto al apoyo y financiación de la empresa, así que Cristóbal decidió arriesgarse a hacer una petición final. Si él, que al fin y al cabo era extranjero, no lograba convencerlos, había alguien que, además de ser un experto cosmógrafo, era súbdito de Castilla y su entusiasmo por la empresa solo era superado por el del propio Cristóbal:

—Ruego a sus majestades que, si aún albergan dudas acerca de la importante empresa que les propongo, que será a mayor gloria de España y de la cristiandad, consulten con fray Antonio de Marchena, experto en estas cuestiones. Él confirmará a sus majestades todo lo que yo he expuesto.

El 24 de febrero, Antonio de Marchena acudía a la corte y defendía apasionadamente el proyecto de Cristóbal ante los reyes. Estos se encontraban en una situación difícil, no querían dejar pasar aquella oportunidad, pero el reino debía volcar en ese momento todos sus recursos en la guerra contra el secular invasor.

En abril, los reyes decidieron recibir una vez más a Cristóbal. Pero en la corte, la idea del genovés seguía sin parecer oportuna. Pero hubo un rayo de esperanza, los reyes entregaron a Cristóbal una ayuda económica de 6000 maravedíes,[5] con el fin de que pudiera esperar hasta que la situación en Castilla fuera más favorable para la ejecución de sus planes. Sin embargo, a finales de 1486, los reyes convocaban otra junta de expertos

5 Maravedíes: Moneda antigua española, efectiva unas veces y otras imaginaria, que tuvo diferentes valores y calificativos.

para que examinara una vez más el proyecto. Cristóbal se desesperó, el asunto no parecía tener fin.

En mayo de 1487, Fernando e Isabel volvieron a llamar en audiencia a Cristóbal, esta vez a Málaga. De nuevo, una luz de esperanza se encendió en su corazón. Solo podía haber un motivo para que lo llamaran, la junta había tomado una decisión. En Málaga, Cristóbal fue recibido solamente por la reina Isabel, pues Fernando se encontraba guerreando contra los musulmanes. Una de las ideas que propuso Cristóbal a Isabel le resultó especialmente interesante a la reina: la posibilidad de utilizar el dinero obtenido mediante el comercio con las Indias, para financiar una campaña militar que liberara Jerusalén del control de los musulmanes y transformara de nuevo la Tierra Santa en un reino cristiano.

Conocedor de sus inquietudes, Cristóbal aprovechó para insistir a la reina en otro asunto que estaba seguro también sería de su interés. Una antigua leyenda afirmaba que, en algún lugar de Oriente, existía un poderoso reino cristiano gobernado por un monarca conocido como el Preste Juan.[6] Cristóbal explicó a Isabel el rumor de que dicho rey poseía fabulosas riquezas y un enorme ejército. Si navegaba al oeste, hacia las Indias, lograría localizar al Preste Juan y establecer una alianza con él, y con la ayuda de su ejército lograrían expulsar a los musulmanes de Tierra Santa. Aquel personaje y la posibilidad de llevar adelante el plan suscitaron un vivo interés en la reina de Castilla.

Pero Cristóbal sufrió una nueva decepción. La reina le anunció que la junta había emitido una opinión desfavorable al viaje. No obstante, estaba claro que los reyes querían seguir teniéndolo cerca, y Cristóbal

6 Preste Juan: Título legendario del emperador de los abisinios, que tenía carácter sacerdotal.

recibió una nueva ayuda económica, esta vez de 4000 maravedíes.

Cristóbal regresó a Córdoba frustrado. El tiempo seguía pasando e incluso la ayuda económica de los reyes se mostraba insuficiente. Decidió recuperar su oficio de cartógrafo y empezar a dibujar de nuevo mapas, para venderlos en Córdoba y Sevilla. También se entretuvo acudiendo a tertulias de marinos. En una de aquellas reuniones conoció a Juan Sánchez, que más tarde sería el médico que le acompañaría en su primer viaje a las indias, y a Rodrigo Enríquez de Arana, quien había acogido en su hogar a una joven sobrina huérfana, de apenas dieciséis años, llamada Beatriz. Cristóbal, que por entonces tenía treinta y siete años, se enamoró perdidamente de aquella jovencita, que no podía disimular su admiración por el famoso extranjero que tanta atención recibía de los reyes.

Poco le duraron las alegrías a Cristóbal. En octubre de ese mismo año, su hermano Bartolomé, que se encontraba en Lisboa, le hizo llegar la noticia de que los portugueses habían logrado doblar el extremo meridional de África, lo que les abría el camino a las Indias navegando por el este. Cristóbal pensó que debía actuar rápido. Escribió al rey Juan II solicitándole otra entrevista y, gracias a las gestiones de su hermano, el 20 de marzo de 1488, recibió una carta del rey portugués invitándolo a acudir de nuevo a Lisboa. Cristóbal sabía que su situación era delicada, no quería dejar pasar la oportunidad de lograr apoyo en Portugal, pero tampoco quería desairar a los reyes de España, que le habían estado apoyando.

Como en ese momento la corte española estaba en Murcia, Cristóbal marchó allí a solicitar un nuevo encuentro a los reyes. Quizá las noticias del descubrimiento hecho por Portugal y la invitación de

Juan II animara a los monarcas de Castilla y Aragón a aprobar definitivamente su plan de alcanzar las Indias por occidente. Sin embargo, cuando Cristóbal llegó a Murcia, los reyes estaban tan ocupados con la campaña militar, que ni siquiera lo recibieron. Sorprendentemente, le concedieron de buen grado permiso para viajar a Portugal.

Nada más llegar a Lisboa, Cristóbal comprendió que no podía haber llegado en peor momento. La ciudad celebraba con gran alborozo la noticia del regreso de la expedición de Bartolomé Díaz. Algunos meses antes, Díaz había partido con tres carabelas rumbo al sur, con el fin de recorrer la costa occidental de África. Primero, la expedición logró alcanzar el punto más meridional que ningún europeo hubiera visitado jamás. A continuación, perdió de vista la costa durante trece días. Cuando volvió a divisarla, siguió avanzando hacia el sur hasta descubrir y doblar el cabo de las tormentas, una abrupta y estrecha lengua de tierra que se proyectaba sobre las agitadas aguas de aquel punto de África. Tras explorar la zona, el navegante portugués no tardó en comprender que había alcanzado el extremo meridional del continente africano, y que desde allí se abría un nuevo camino hacia las Indias. Aquel descubrimiento hizo las delicias del rey Juan, quien, lleno de entusiasmo, rebautizó el cabo, que pasó a llamarse Cabo de Buena Esperanza.

Aquel logro supuso un gran triunfo para Bartolomé Díaz y los portugueses, pero para Cristóbal Colón constituyó un suceso deprimente, pues ponía en serias dudas que el rey Juan pudiera llegar a interesarse en patrocinar su proyecto de viajar hacia las Indias por el oeste, a través de la Mar Océana, ahora que ya existía una ruta alternativa que rodeaba el cabo de Buena Esperanza.

Pronto sus temores se vieron confirmados. El rey Juan le recibe, pero no tarda en descubrir que el monarca ha decidido dedicar todos los recursos disponibles a asegurar para Portugal el control de la ruta hacia el este por el sur de África. Perdida la esperanza de obtener el apoyo de Portugal, Cristóbal decide regresar a España para intentar ganarse de nuevo la confianza de los monarcas Fernando e Isabel.

Al llegar a Córdoba, Cristóbal se alegró de encontrarse nuevamente con Beatriz Enríquez de Arana, de la que se había enamorado un año antes. Como Beatriz provenía de una familia de labriegos y buena parte del estatus social de Cristóbal provenía de ser viudo de Doña Felipa Moniz Perestrello, ambos decidieron ser marido y mujer de hecho, sin llegar a contraer matrimonio legalmente. Más adelante, el 15 de agosto de 1488, Beatriz dio a luz a un hijo varón, al que ella y Cristóbal llamaron Hernando.

Durante los años siguientes Cristóbal vivió en Córdoba con Beatriz y Hernando, mientras intentaba mantener vivo el interés de los reyes de España en su proyecto. En mayo de 1489, la reina lo mandó llamar de nuevo, esta vez a Jaén. Para demostrar a Cristóbal que, a pesar de dilatar el proyecto, seguían considerando la posibilidad de realizarlo, la reina emitió una cédula por la que ordenaba a todas las ciudades y villas por donde pasara Cristóbal que le dieran alojamiento y comida de forma gratuita, y cargaran todos los gastos a la corona de Castilla. Una vez allí, la reina prometió personalmente a Cristóbal que, una vez se produjera la conquista de Granada, atenderían a sus demandas.

Dos años después, en abril de 1491, Cristóbal recibió la noticia de que un ejército de ochenta mil hombres se disponía a iniciar el cerco definitivo de la ciudad de Granada, capital del reino del mismo nombre.

Pero era demasiado tarde para él, hacía ya seis años que había llegado a España, y no estaba dispuesto a esperar el incierto resultado de una nueva campaña militar. Si en Portugal y España no querían escucharlo, quizá lo haría el rey Carlos VIII de Francia.

Antes de partir, Cristóbal viajó a Huelva para recoger a Diego, su primogénito, con el fin de dejarlo junto a Hernando y Beatriz en Córdoba. De camino con su hijo hacia su nuevo hogar, Cristóbal decidió detenerse por segunda vez en el convento franciscano de La Rábida, cuyos frailes tanto le habían ayudado años atrás. Mientras ascendía por el camino que conducía el monasterio, recordó su primera visita a aquel lugar, cuando llevaba a su hijo Diego de cinco años de la mano y le apremiaba para que siguiera caminando. Desde entonces habían pasado seis años y muchas cosas habían cambiado.

Al golpear de nuevo con sus nudillos la pesada puerta de madera del convento, pensó en lo abatido que había estado la primera vez que llegó allí, recién venido de Portugal, y con qué renovadas esperanzas lo había abandonado. Por entonces le pareció que todo se resolvería rápidamente. Pero, tras tantos años de espera, había llegado a la conclusión de que tampoco en España le tomarían jamás en serio.

Esta vez fue un fraile llamado Juan Pérez quien le abrió la puerta. Fray Juan no conocía a Cristóbal, pero, conforme a lo prescrito por la orden, inmediatamente ofreció a padre e hijo un humilde refrigerio y lugar donde pasar la noche. Durante la cena, Fray Juan se acercó a Cristóbal para preguntarle por el motivo de su paso por aquel lugar. Cristóbal dudó. ¿Debía confiarle a aquel hombre sus inquietudes? Ahora que sus esperanzas de recibir apoyo en España se habían terminado, quizá lo más sensato es callar. Pero el recuerdo de aquel lejano encuentro con Fray Antonio de Marchena, su enorme erudición y el generoso apoyo recibido pudieran más en su ánimo que la prudencia, y Cristóbal derramó su corazón ante aquel desconocido fraile. Pronto compruebo descorazonado que fray Juan no sabia nada de mapas ni de cosmografía. Sin embargo, el fraile era un hombre inteligente, se dio cuenta de lo que ocurría y querría saber más.

—Yo no entiendo mucho dc estos asuntos, pero permítame vuesa merced que llame a alguien que conozco. Es persona entendida de los asuntos de los que habla, y me gustaría mucho tener su opinión.

Unas horas después, el fraile se encontraba de vuelta acompañado por Garci Hernández, el médico de Palos. Cristóbal y él pasaron el día siguiente conversando animadamente. Al terminar, Garci Hernández se reunió secretamente con el fraile.

—Si lo que este hombre dice es cierto, sería una verdadera lástima que esta empresa se echara a perder para España y acabara en manos de un rey extranjero —dijo el médico—. Si no me equivoco, vos fuisteis contador de la reina.

—Efectivamente, tuve esa honra muchos años atrás, cuando era joven —respondió fray Juan.

—La reina se encuentra estos días en el campamento militar de Santa Fe, frente a Granada. Es imprescindible que vayáis a verla y la convenzáis para que no le deje marchar. Apresuraos, pero id sin cuidado, que yo sabré entretenerlo para que demore su salida del convento hasta que hayáis tenido tiempo de regresar con la respuesta de la reina.

En efecto, durante los días siguientes, el médico de Palos se encargó de que pasaran por el convento numerosos marinos de Palos y de Moguer, con los que Cristóbal sostuvo animadas conversaciones y de los que obtuvo datos sobre sus experiencias en la mar.

Mientras tanto, fray Juan logró reunirse con la reina, que lo recordaba con cariño. Esta le agradeció de corazón el aviso y, alarmada por la intención de Cristóbal de marchar a Francia, envió de inmediato un mensajero real con una carta ordenándole acudir a la corte. También le envió veinte mil maravedíes, con el encargo de que comprara vestimentas adecuadas para presentarse ante ella y una cabalgadura que lo transportara.

Cristóbal se quedó de una pieza. Ahora no tenía más remedio que cambiar de planes y acudir a la cita con la reina.

Cuando llegó a Santa Fe, en diciembre de 1491, las tropas de Fernando e Isabel estaban a punto de tomar la ciudad. Una gélida mañana del 2 de enero de 1492, Cristóbal pudo ser testigo de la entrada triunfal de los reyes de España en la capital del último reino musulmán de España. Aquella histórica conquista ponía fin a ocho siglos de invasión musulmana. Emocionado, contempló con sus propios ojos como se plantaban las banderas reales en lo alto de la fortaleza de la Alhambra, y vio salir de la ciudad al depuesto rey Boabdil camino de exilio, no sin antes besar las manos de los reyes de Castilla y Aragón, en señal de sumisión.

Cristóbal estaba exultante de gozo. A ojos de muchos españoles aquel era un gran día para el Papa y la iglesia, así como para Fernando e Isabel. Ahora que por fin habían expulsado al Islam de la península ibérica, los monarcas sentían que España volvía a ser un país verdaderamente católico. Y en un esfuerzo por lograr lo que ellos consideraban que debía ser un país auténticamente «cristiano», los reyes decidieron expulsar también de su reino a todos los judíos que no accedieran a convertirse.

Centrado como estaba en sus propios sueños, Cristóbal esperaba que los reyes pudieran a partir de entonces dirigir su atención a la Empresa de Indias. Cuando le convocaron para que compareciese de nuevo ante el rey Fernando y la reina Isabel, oró para que sus seis años de frustración en España hubieran terminado. Tal y como hiciera en las anteriores ocasiones, Cristóbal compartió con los reyes los detalles de su propuesta de viaje a las Indias y respondió a muchas preguntas. Pero en esta ocasión solicitó a los reyes algunas cosas que no había mencionado antes. Pidió a sus majestades que le concedieran el título de almirante. También pidió ser nombrado gobernador y virrey de todas las islas que descubriera en su viaje hacia el oeste y que él y sus herederos pudieran recibir un diez por ciento de todas las riquezas procedentes del comercio con esas islas.

Fernando e Isabel se quedaron asombrados. Las peticiones de Cristóbal parecían desorbitadas, el diezmo que pretendía aquel extranjero era parecido al quinto real, que los reyes obtenían para la corona en las expediciones que financiaban. Pero no solo pedía grandes riquezas para él mismo y sus descendientes, además pretendía ser nombrado virrey de todas las tierras descubiertas, un escalón por debajo de los propios reyes.

Hernando de Talavera, al escuchar la propuesta de Cristóbal, aconsejó a los reyes que la rechazaran, y algunos marinos y cosmógrafos que habían sido convocados para escuchar al genovés, volvieron a expresar sus dudas de que la tierra tuviera las dimensiones que Cristóbal defendía.

Tras tantos años y reuniones, y a pesar de todo el apoyo económico que le habían dado, los reyes no tuvieron más remedio que despedir a Cristóbal para siempre. Aquellas peticiones de último momento eran demasiado pretenciosas, y más para un reino que aún tenía que hacer un notable esfuerzo económico para financiar la empresa, nada más haber acabado una larga guerra.

Cristóbal sintió una gran amargura y desilusión al ser despedido así de la corte. Había estado seguro de contar con el apoyo de la reina Isabel, pero finalmente ella decidió no respaldarlo. Cristóbal sintió como si la reina hubiera estado jugando con él todos aquellos años, haciéndole creer que lo apoyaría. Frustrado y furioso, abandonó precipitadamente la corte real.

Ahora que estaba claro que España no iba a apoyar la Empresa de Indias, Cristóbal decidió salir del país. Tras despedirse de sus amigos en la corte, Cristóbal partió rumbo a Córdoba.

Sin embargo, el mismo día de la marcha de Cristóbal, los acontecimientos dieron un giro completamente inesperado. Una de las personas que había presenciado toda la escena era Luis de Santángel. Judío convertido al cristianismo, había sido durante muchos años escribano del rey Fernando y ahora era secretario de la corte. Al ver lo ocurrido, no pudo evitar presentir que España estaba dejando escapar una tremenda oportunidad. Sabiendo que la reina Isabel era la que más cercana se había sentido al proyecto de Cristóbal durante todos estos años, solicitó hablar con ella:

—Majestad, puedo entender que vos, que siempre os habéis mostrado con ánimo presto para acometer todo tipo de negocios importantes, dejéis ahora escapar un asunto en el que tanto puede ganar el reino, a cambio de tan poco riesgo. ¿De verdad dejaréis para un reino extranjero la posible gloria de esta empresa?

—Estimado Don Luis, vos sabéis mejor que nadie cómo están las finanzas del reino y ya habéis escuchado sus pretensiones. Para financiar la conquista de la ciudad de Baza tuve que empeñar mis propias joyas, y estoy dispuesta a hacerlo de nuevo, pero ya habéis oído a mis consejeros.

—Si me permitís, majestad, no es necesario que lleguéis a ese extremo. En prueba de la fe que tengo en el éxito de este emprendimiento, os ruego que aceptéis de mi mano, sin interés alguno, un millón ciento cuarenta mil maravedíes, que es todo mi patrimonio. Con ello podréis armar las naves que sean necesarias, pero os ruego que reconsideréis vuestra decisión.

Apenas había recorrido Cristóbal, apesadumbrado, unos quince kilómetros cuando, al llegar a un pueblecito llamado Pinos Puente, oyó tras de sí el sordo golpeteo de los cascos de un caballo al galope, que se acercaba. Al darse la vuelta, vio montado en él a un alguacil de la corte, que puso en su mano la orden real de regresar de inmediato a la corte.

Despechado, Cristóbal sintió la tentación de negarse a hacerlo, pero las preguntas se agolpaban en su mente: *¿Y si los reyes habían cambiado de opinión? ¿Y si, al fin, ambos se habían decidido a apoyar su aventura? ¿Y si estaban dispuestos a concederle lo que había pedido?* Cristóbal sabía que no iba a poder vivir consigo mismo si no regresaba una última vez con aquel mensajero. Su sentido providencial de la vida le hizo ver, una vez más, la mano de Dios en las circunstancias y, cansado, volvió su montura y regresó a la corte.

Capítulo 5

La empresa de Indias

Una vez más, Cristóbal entró en el salón del trono y permaneció en pie ante el rey Fernando y la reina Isabel. Tras intercambiar los saludos protocolarios, entraron en materia. Isabel le explicó que Luis de Santángel, el tesorero real, les había hecho cambiar de idea, haciéndoles ver los beneficios que España podía obtener si Cristóbal tenía éxito y llegaba hasta las Indias. Los monarcas también le hicieron saber que habían pensado que aquel era un buen momento para que España extendiera la luz de Cristo por el resto del mundo. Por todo ello, Isabel y Fernando habían cambiado de opinión y decidido patrocinar el intento de descubrir una nueva ruta hacia las Indias.

Cristóbal apenas podía creer lo que estaba escuchando. Después de tantos años de intentar conseguir el apoyo real para su empresa de Indias, de repente parecía haberlo conseguido, así sin más. Tenía ganas de soltar un grito de alegría, pero como estaba en el salón del trono se limitó a sonreír agradecido.

Rápidamente, se redactó un documento llamado *Capitulaciones*. En él se detallaban los diferentes acuerdos alcanzados entre los soberanos y Cristóbal. El documento reconocía a Cristóbal Colón el título de «almirante en todas aquellas islas y tierras firmes, que por su mano e industria se descubrieren o ganaren en la dicha Mar Océana» y también lo nombraba «virrey y gobernador general en todas las dichas tierras firmes e islas». Como almirante, Cristóbal tendría autoridad sobre todos aquellos que navegaran en las aguas que él descubriera para España, así como para resolver cualquier disputa que surgiera, y para juzgar los actos de piratería, motín, traición y otros actos parecidos. Como virrey y gobernador, gobernaría sobre todas las tierras que descubriera, y podría nombrar o destituir de su puesto a cualquier funcionario de dichas tierras. Además, las capitulaciones prometían a Cristóbal el diez por ciento de todo el oro, la plata, las perlas, las piedras preciosas, las especias y cualesquiera otras mercancías que procedieran de las tierras por él descubiertas. Finalmente, tendría derecho a pagar la octava parte de lo que costara armar cualquier barco español que fuera a comerciar con las Indias, y así recibir a cambio la octava parte de los beneficios que se obtuvieran. Además, se acordaba que aquellos derechos pasarían a los hijos de Cristóbal y a sus descendientes, a perpetuidad. A cambio, Cristóbal debía costear una sexta parte de los gastos del viaje.

Tras la firma de las *Capitulaciones*, Fernando e Isabel entregaron a Cristóbal una carta oficial de presentación al gran Khan de Catay (China). La reina Isabel ordenó también a la ciudad de Palos que proporcionase a Cristóbal dos barcos para realizar el viaje, como compensación de una multa impuesta a la ciudad por haber introducido de contrabando en España bienes procedentes de África.

Cristóbal pasó la siguiente semana muy ocupado. Se sentía extraño por estar preparando finalmente el viaje con el que había soñado durante años. Mantuvo varias reuniones con el canciller real para resolver los detalles de la participación de la corona en la empresa de Indias. Ambos acordaron la presencia de tres representantes de los reyes en la tripulación. El primero de ellos sería Rodrigo de Escobedo, que tomaría el oficio de secretario de la flota y llevaría un registro oficial de todos los descubrimientos. También viajaría con él Rodrigo Sánchez, escribano real, cuyo trabajo consistiría en llevar la cuenta de todo el oro, joyas y cualesquiera otras mercancías valiosas que subieran a bordo de los barcos, para asegurarse de que las nueve décimas partes eran entregadas a los reyes cuando las naves regresaran de Oriente. El tercer hombre sería Pedro Gutiérrez, mayordomo real, que ejercería el cargo de sobrecargo[1] jefe.

El canciller entregó además a Cristóbal un salvoconducto y una carta destinada a cualquier soberano que pudiera encontrar durante el camino. La carta presentaba al portador como «el noble caballero Cristóbal Colón, a quien se le han encargado determinados deberes y empresas relacionados con el servicio a Dios y la expansión de la fe cristiana, así como con nuestra ventaja y provecho». Por supuesto, estaba escrita en español, aunque Cristóbal incorporó a la empresa de Indias a un traductor de árabe como intérprete oficial, Luis de Torres, un judío converso, que también hablaba hebreo y arameo. Por aquel tiempo se creía que los pueblos que encontrara en las Indias

1 Sobrecargo: Persona que en los buques mercantes lleva a su cuidado y bajo su responsabilidad el cargamento.

serían capaces de entender el árabe, ya que los eruditos se mostraban de acuerdo en que dicho idioma había sido la lengua original de la humanidad, y que todos los demás idiomas se basaban en él.

A continuación, Cristóbal lo dispuso todo para que Diego y Hernando vivieran cómodamente con Beatriz, en Córdoba, dejando dinero suficiente a la familia para que pudieran mantenerse mientras él estuviera lejos. También fueron todos juntos a misa, a rogar a Dios que él y su tripulación pudieran atravesar la Mar Océana con seguridad, llegar a las Indias y regresar a salvo.

Tras haberse ocupado de aquellas cosas, Cristóbal se dirigió lo más rápido que pudo a Palos. Al llegar, fue directamente hasta el muelle donde encontró atracadas cinco carabelas. Mientras contemplaba aquellos barcos se sintió orgulloso de sí mismo: la gente de la ciudad aún no lo sabía, pero los reyes le habían prometido entregarle dos de aquellas naves y, con la ayuda de Dios, partiría en ellas hacia el oeste rumbo a las Indias.

Más tarde, Cristóbal se dirigió al Convento de la Rábida. Ya no era aquel extraño que se había presentado sin avisar a la puerta del monasterio, tampoco el soñador fracasado que había decidido marcharse de España, sino un enviado de los reyes que estaba a punto de cartografiar la costa de las Indias, al otro lado de la Mar Océana.

Al llegar, los monjes franciscanos le dieron una cálida bienvenida y Cristóbal compartió con ellos las buenas noticias de la misión que le habían encargado los reyes. Los frailes dispusieron de inmediato que se celebrara una misa especial en su favor y prometieron rezar todos los días para que pudiera regresar sano y salvo a casa.

Al día siguiente, Cristóbal visitó a fray Juan Pérez en la iglesia de San Jorge, en Palos, donde se celebró una segunda misa para rogar a Dios por él y por el éxito de su empresa. Después, el fraile leyó desde un púlpito el documento en el que la reina Isabel daba a la ciudad de Palos diez días de plazo para proporcionar dos barcos a Cristóbal.

Sin embargo, el plazo transcurrió, y las autoridades no tomaban ninguna decisión. Aunque, en teoría, los barcos debían prestarse solo durante dos meses, nadie quería prestar sus barcos para una empresa de la que tampoco tenían demasiados detalles. No obstante, los reyes habían previsto las dificultades y, por si acaso, Cristóbal tenía otro documento dirigido en general a todas las localidades de la costa andaluza, con el fin de que pudiera exigir los barcos en cualquiera de ellas. Cristóbal no tuvo más remedio que acudir a este segundo documento, pero las dificultades fueron las mismas.

El tiempo pasaba y Cristóbal no sabía qué hacer. Una vez más, Fray Antonio de Marchena, el erudito que antes que nadie había creído en él, le echó una mano fundamental. Marchena conocía a un armador de Palos llamado Martín Alonso Pinzón. Cuando en junio de 1492 este regresó de un viaje comercial a Roma, Marchena se entrevistó con él para convencerlo de que acompañara a Cristóbal en su viaje. Animado por el fraile, Martín, que conocía bien la zona y los mejores barcos que había en ella, se puso a buscar los más apropiados y escogió dos carabelas, la Niña, propiedad de un vecino de Palos, y la Pinta, que pertenecía a un marino de Moguer. Dos naves muy ágiles y apropiadas para la misión, pues podían maniobrar fácilmente en el mar y en los ríos, que eran fáciles de subir a las playas y podían navegar a barlovento, es decir, con vientos de costado. La Niña tenía unos veintiún metros (setenta pies) de eslora (largo), seis metros (veintiún pies) de manga (ancho) y dos metros (siete pies) de calado (profundidad de la parte sumergida). Podía llevar en sus bodegas unas setenta toneladas de carga. La Pinta era algo mayor. Ambas naves se maniobraban mediante timones de codaste,[2] un tipo de timón alineado con la quilla, y contaban con altos castillos de popa. Se trataba de naves de tres mástiles pequeños. La Pinta tenía velas cuadradas, mientras que el velamen[3] de la Niña era de tipo latino, es decir, triangular, como el de las carabelas portuguesas. Ambas llevaban lastre de piedra.

Necesitaban otro barco para el viaje, por lo que Cristóbal fletó una nave construida en Galicia, llamada Santa María, que había echado anclas en el puerto de Palos. Era más grande que las otras dos y su velamen era cuadrado. Su palo mayor era más largo que su eslora, y su verga[4] mayor medía más que la quilla. De ella colgaba una gran vela cuadrada y sobre ella, la verga de gavia[5] izaba una vela cuadrada más pequeña. Delante, el palo de trinquete medía aproximadamente la mitad que el palo mayor y de su única verga colgaba también una vela cuadrada. Sobre el castillo de popa, el mástil de mesana era el menor de los tres y su verga izaba una vela latina. En la proa, se alzaba el bauprés en ángulo agudo, y bajo él colgaba una pequeña vela cebadera cuadrada. Al igual

2 Codaste: Madero grueso puesto verticalmente sobre el extremo de la quilla inmediato a la popa, que sirve de fundamento a toda la armazón de esta parte del buque. En las embarcaciones de hierro forma una sola pieza con la quilla.

3 Velamen: Conjunto de velas (‖ piezas de lona para recibir el viento en una nave).

4 Verga: Percha labrada convenientemente, a la cual se asegura el grátil de una vela.

5 Gavia: Vela que se coloca en uno de los masteleros de una nave, especialmente en el mastelero mayor.

que la Niña y la Pinta, la Santa María se maniobraba mediante un timón de codaste. En las tres naves, la caña que controlaba el timón estaba situada bajo cubierta, lo que significaba que el timonel no podía ver hacia dónde dirigía el barco y tenía que dejarse guiar por las instrucciones que el capitán le daba desde la cubierta principal.

Una vez conseguidos los barcos que necesitaba para el viaje, debía reclutar las tripulaciones que los manejaran. Como capitán de la Santa María escogió a Juan de la Cosa, su propietario; Martín Alonso Pinzón estaría al mando de la Pinta, y su hermano, Vicente Yáñez Pinzón, se encargaría de capitanear la Niña. Cristóbal no se sentía particularmente satisfecho con la idea de llevar a Martín como capitán. Lo consideraba un hombre arrogante y de trato difícil, al que le encantaba señalar la falta de experiencia de Cristóbal como marino. Desde luego, Colón era consciente de que llevaba nueve años sin navegar, mientras que Martín era un famoso lobo de mar procedente de una de las principales familias marineras de Palos. A pesar de ello, decidió nombrarle capitán, pensando que su nombre y reputación le serían útiles en la tarea de reclutar marineros para los tres barcos.

A pesar de contar con Martín Pinzón como capitán de la Pinta, la tarea de completar la tripulación de los tres barcos resultó ser más difícil de lo que Cristóbal había imaginado. Los oficiales de los barcos, entre los que había otros tres miembros de la familia Pinzón y un primo de Beatriz, llamado Diego de Arana, se comprometieron rápidamente. Sin embargo, los marineros normales y corrientes eran más supersticiosos y mucho más difíciles de convencer para enrolarse en un viaje con destino al fin del mundo conocido. En esa tarea, se mostró sumamente eficaz

Martín. Como conocía a los vecinos de la zona, directamente se plantó en la plaza del pueblo y comenzó a proclamar, con grandes voces:

—Amigos, venid aquí. Haced con nosotros este viaje en el que hemos de descubrir muchas tierras, con la ayuda de Dios. Tierras que, según se dice, son tan ricas que las casas se cubren con tejas de oro. ¡Todos volveréis ricos y dichosos!

Además, la reina Isabel había prometido a cada marinero una generosa paga, de la que recibirían cuatro meses de anticipo en caso de comprometerse: dos mil maravedíes al mes a maestres y pilotos, mil a los marineros y ochocientos a los grumetes. Cristóbal tendría una paga de quinientos maravedíes diarios.

Entre los que se ofrecieron a hacer el viaje había también cuatro convictos que vieron su pena conmutada a cambio de hacer el viaje: un hombre llamado Bartolomé Torres, que había matado a una persona durante una riña, y tres amigos suyos sorprendidos cuando intentaban ayudarle a huir de la cárcel.

Una vez completada la tripulación, la Pinta y la Niña se sacaron del agua y arrastraron hasta un lugar de la playa donde había un dique seco, destinado a reparar y reacondicionar los barcos. Ambas naves fueron colocadas allí para que se secaran y pudieran llevarse a cabo los trabajos de calafateado de las planchas de madera situadas por debajo de la línea de flotación, y aplicarse pintura al resto del barco. Cristóbal simultaneó la supervisión de ese proceso y del aprovisionamiento del viaje.

Se proveyó a las naves de pescado en salazón, tocino, galletas, harina, agua y aceite de oliva. Cristóbal también compró nuevos instrumentos de navegación de latón: una aguja de marear[6], un cuadrante y un

6 Aguja de marear: Brújula (‖ instrumento para indicar el rumbo de una nave).

reloj de arena, al que un grumete debía ir dando la vuelta, día y noche, de forma que él pudiera saber en todo momento qué hora era.

El 2 de agosto de 1492, dos meses y medio después de lo previsto, Cristóbal decidió que, al fin, todo estaba listo para emprender el viaje hacia el oeste. Por lo tanto, dio la orden a las tripulaciones de que embarcasen a bordo de las tres naves con la promesa de que partirían con la primera marea favorable, antes del amanecer del día siguiente. Cristóbal observó como subían al barco los noventa oficiales y marineros. Entre ellos, además de él, había otro genovés, un veneciano y un portugués; el resto eran todos españoles. La recompensa de diez mil maravedíes que, justo antes de partir, había ofrecido la reina Isabel al primer hombre que divisara tierra firme al otro lado del mundo había logrado cautivar la imaginación de los marineros, que se encontraban bastante animados.

Antes del amanecer, la mañana del 3 de agosto, Cristóbal reunió a la tripulación de la Santa María, la nao[7] en la que iba a navegar, para que todos rezaran juntos. A continuación, dio la orden de zarpar. Lentamente, las anclas de los tres barcos fueron izadas y estos comenzaron a dejarse llevar por la corriente del río. Cristóbal sonrió, al tiempo que dejaba escapar un suspiro de alivio. Su empresa de indias al fin se ponía en marcha. Todas las naves llevaban el palo de trinquete engalanado con la insignia de la reina Isabel; en el palo mayor ondeaba la bandera de Castilla y León; y el palo de mesana[8] se encontraba reservado para el pendón especial de la expedición: una cruz verde sobre fondo blanco. Cuando las primeras luces

7 Nao: Nave (embarcación antigua).

8 Mesana: Mástil que está más a popa en el buque de tres palos.

del alba iluminaron el río Tinto, Cristóbal se deleitó al contemplar la pequeña flota bajo su mando. Comprendió que, si todo salía bien, aquellos mismos barcos no tardarían mucho en embocar el puerto de alguna ciudad de las Indias.

La flota de Colón no fue la única que por aquellos días abandonó los puertos españoles para realizar un largo y dificultoso viaje. Debido al decreto de expulsión, firmado por los reyes católicos en marzo de aquel mismo año, todos los judíos españoles que no quisieran bautizarse tenían de plazo hasta el 10 de agosto para abandonar el país. Por ese motivo, aquellos días fueron muchos los barcos que partieron desde diferentes puertos de la costa suroeste de España. Cuando la Santa María pasó por delante de uno de ellos, Cristóbal miró a los judíos desaliñados que se apiñaban a bordo, agarrando tan solo las pertenencias que podían llevar en sus brazos. Otros habían preferido convertirse al cristianismo, aproximadamente la mitad de toda la población judía de España, incluido el rabino jefe de Castilla. Sencillamente, no querían dejar atrás sus casas y campos, ni la que había sido su patria durante tantos siglos. El resto se dirigió al norte de África, al Mediterráneo oriental o alguno de los pocos países europeos que quisieron acogerlos, ya que Inglaterra dos siglos antes, o Francia, Alemania y Hungría el siglo anterior, también habían expulsado ya a los judíos.

Una vez que la Pinta, la Niña y la Santa María hubieron dejado atrás la ría de Huelva, Cristóbal puso rumbo hacia las Islas Canarias, el más alejado puesto de avanzada de España en el mundo conocido. Nadie sabía lo que podía haber más al oeste. Sin embargo, mientras contemplaba el mar y sentía en su rostro las gotas de agua salada, estaba seguro de una cosa: su nombre quería decir «portador de Cristo» y, por lo tanto, él tenía la misión de llevar la luz de Cristo y la gloria de los monarcas católicos a través de la Mar Océana, hasta las gentes que vivían en tinieblas. En cuanto a los detalles de cómo llegaría hacerlo, los ignoraba. Por ahora, su atención se centraba solamente en navegar a través del océano hasta las Indias.

Capítulo 6

A través de la Mar Océana

Los tres barcos surcaban las aguas en dirección suroeste, con las velas hinchadas por una fresca brisa. Tan solo una hora después de izarlas, Cristóbal ya había notado que la Pinta y la Niña eran más ligeras, y empezaban a adelantarse a la Santa María. Hasta el punto de que ordenó comunicar mediante señales que aflojaran las velas, para que la nave capitana no quedara completamente atrás. Al caer la noche, Cristóbal estimó que habrían recorrido unos cien kilómetros.

Tras haber calculado la distancia recorrida durante el día, Cristóbal bajo a su cabina, situada bajo el castillo de popa y abrió el nuevo diario que había llevado a bordo. Mojó su pluma en el tintero portátil y escribió:

> Viernes, 3 de agosto. Partimos [...] de la barra de Saltés[1], a las ocho horas. Anduvimos con fuerte virazón hasta el poner del Sol hacia el sur sesenta millas, que son quince leguas, después al sudueste

1 N. del t.: Así se llamaba por entonces el actual río Tinto.

y al sur cuarta del sudueste, que es el camino para las Canarias.

Cuando terminó de escribir, Cristóbal se apresuró a salir de su camarote y subió al castillo de popa a guiar a sus hombres en las oraciones de la noche que, según había decidido, consistirían en el rezo de un Padrenuestro, un Avemaría, el recitado del Credo de los apóstoles y el canto del *Salve regina*, un antiguo canto benedictino.[2]

Tras pronunciar las últimas palabras del credo, Cristóbal comenzó a entonar el *Salve regina*. Los marineros y oficiales de la Santa María pronto se unieron a él. Mientras permanecía en pie cantando y contemplando las últimas luces del crepúsculo que anunciaban el paso del día a la noche, Cristóbal apenas podía creer la manera en que aquella tripulación torturaba la dulce melodía del cántico. La mayoría desentonaba y se hacía un lío con las palabras en latín. En su interior, Cristóbal rogó a Dios que o bien la tripulación lograra mejorar su entonación o que pudieran llegar a las Indias antes de lo que pensaban.

Cuando terminaron de cantar y rezar ya se había hecho completamente de noche. Las únicas cosas visibles eran los dos pequeños fanales[3] situados a la popa de la Pinta y la Niña. Cristóbal se dio cuenta de que las dos llamas parecían tener un efecto tranquilizador sobre la tripulación, y tenía que admitir que también a él lo calmaban. Contemplar el resplandor del fuego le recordaba que la Santa María no estaba sola. Otras dos embarcaciones la acompañaban y todas se ayudarían entre sí a lo largo de las aguas sin cartografiar de la Mar Océana.

2 Benedictino: Integrante de la Orden de San Benito, fundada en Italia por san Benito de Nursia en el siglo VI.

3 Fanales: Cada uno de los grandes faroles que, colocados en la popa de los buques, servían como insignia de mando.

Durante los siguientes dos días las cosas marcharon bien en las tres naves, pero el 6 de agosto se enfrentaron a su primer desafío. Aquel día, Cristóbal escribió:

> Lunes, 6 de agosto. Saltó o desencajose el gobernario[4] a la carabela Pinta, donde iba Martín Alonso Pinzón, a lo que se creyó o sospechó por industria de un Gómez Rascón y Cristóbal Quintero, cuya era la carabela, porque le pesaba ir aquel viaje. Antes que de que partiéramos yo había hallado en [ellos] ciertos reveses y grisquetas[5] [...]. Siento gran turbación por no poder ayudar a la dicha carabela sin peligro, pero alguna pena pierdo al saber que Martín Alonso Pinzón es persona esforzada y de buen ingenio. Entre día y noche, hoy anduvimos veinte y nueve leguas.

Cuando los barcos se aproximaban a las Islas Canarias, sobrevino de repente una calma chicha[6], y las naves flotaron a la deriva durante dos días. Cuando al fin arreció el viento y los barcos pudieron navegar de nuevo, Cristóbal ordenó a la Pinta que pusiera rumbo a la ciudad de Las Palmas, en la isla de Gran Canaria, con el fin de reparar la caña del timón. Mientras tanto, La Niña y la Santa María navegaron hasta la isla de La Gomera, donde las dos tripulaciones desembarcaron para aprovisionarse de más barriles de agua y comprar queso y carne en salazón. Tras subir a bordo las provisiones, los barcos se dirigieron a Las Palmas, donde Cristóbal supervisaba las reparaciones en la Pinta. Para poder instalar otra vez el timón en la nave fue necesario que el único herrero de Las Palmas forjara nuevos pivotes[7], los broches de

4 N. del t.: Timón.

5 Diminutivo de «grescas», rencillas.

6 Calma chicha: Especialmente en la mar, completa quietud del aire.

7 Pivotes: Extremo cilíndrico o puntiagudo de una pieza, donde se apoya o inserta otra, bien con carácter fijo o bien de manera que una de ellas pueda girar u oscilar con facilidad respecto de la otra.

hierro que sujetaban la caña del timón. Cristóbal confiaba en que no hubiera que hacer más arreglos en las piezas de metal de los barcos, a causa de alguna rotura o sabotaje, ya que en las Indias no podrían encontrar ningún herrero o astillero donde realizarlos.

La reparación de la Pinta se prolongó mucho más de lo que había previsto. Sin embargo, Cristóbal no perdió el tiempo. No estaba nada satisfecho con el aparejo latino de la Niña, así que decidió aprovechar la estancia en las Islas Canarias para cambiar sus velas por otras cuadradas. Para ello se cortaron las velas latinas, o triangulares, y se cosieron formando velas cuadradas. También se reforzaron el mástil de proa y el palo mayor, para hacerlos más resistentes.

Finalmente, el 2 de septiembre, concluyeron los trabajos de reparación de la Pinta y las tres naves pusieron rumbo a La Gomera, atracando frente a la ciudad de San Sebastián. De camino a esa isla pasaron frente a Tenerife, la mayor de las Islas Canarias, y todos fueron obsequiados de nuevo con la visión del Teide, el volcán de tres mil setecientos metros. Algunos días antes, la noche del 24 de agosto, habían tenido la oportunidad de contemplar en el horizonte el espectáculo de su erupción. La visión de la majestuosa montaña, normalmente coronada de nieves perpetuas, soltando cenizas y lava dejó a sus hombres boquiabiertos, circunstancia que aprovechó Cristóbal para explicarles a qué se debía tal fenómeno, que ya había visto en el monte Etna, en Sicilia. Por otro lado, los contratiempos y retrasos empezaban ya a hacer alguna mella en la moral de los hombres.

Por fin, tras cargar aún más provisiones en La Gomera, el jueves 6 de septiembre de 1492, la Pinta, la Niña y la Santa María partieron de nuevo. Tras dejar atrás la isla de El Hierro, los barcos pusieron rumbo a occidente, pero el viento soplaba sin fuerza. Pasaron tres días hasta que el pico humeante de El Teide desapareció finalmente bajo la línea del horizonte y, con él, el último vislumbre del viejo mundo. Todo lo que tenían por delante Cristóbal y sus hombres les era completamente nuevo, y esperaban avistar pronto las costas de Asia. Sin embargo, aunque él se sentía emocionado por lo que estaban viviendo, notó que buena parte de la tripulación miraba con preocupación hacia el oeste. Podía entenderlos. Algunos de ellos eran grumetes de apenas doce años, y otros era la primera vez que surcaban los mares. Entre los que ya tenían alguna experiencia, la mayoría jamás se había alejado tanto de la costa que la hubiera perdido de vista. Para tranquilizarse, se recordó a sí mismo que apenas estaban a una o dos semanas de alcanzar su destino. Fue por entonces cuando Cristóbal decidió que cada día anotaría en su diario menos millas náuticas de las que en realidad habían recorrido. De esa manera, la tripulación pensaría que aún no se encontraban tan lejos de casa. Por el momento, decidió también que no compartiría con nadie que iba a llevar dos registros de navegación, uno oficial y otro privado. No obstante, en su diario personal dejó constancia escrita de su plan:

> Anduve este día 15 leguas, y he acordado contar menos de las que anduve, porque si el viaje fuese luengo no se espantase y desmayase la gente. En la noche anduve ciento y veinte millas, a diez millas por hora, que son 30 leguas. Los marineros gobernaban mal, decayendo sobre la cuarta del norueste y aun a la media partida, sobre lo cual les he reñido muchas veces.
>
> Lunes, 10 de septiembre. En este día con su noche anduve sesenta leguas, a diez millas por hora, que

> son dos leguas y media, pero no conté sino cuarenta y ocho leguas, porque no se asombrase la gente si el viaje fuese largo.
> Martes, 11 de septiembre. Este día navegué a mi vía, que era el güeste[8], y anduve veinte leguas y más, y vimos un gran trozo de mástel de nao de ciento y veinte toneles, y no lo pudimos tomar. La noche anduve cerca de veinte leguas y conté no más de diez y seis por la causa dicha.
> Viernes, 14 de septiembre. Navegamos este día su camino al güeste con su noche, y anduvimos veinte leguas. Conté alguna menos. Aquí dixeron los de la carabela Niña que habían visto un garxao[9] y un rabo de junco, y estas aves nunca se apartan de tierra, cuando más veinte y cinco leguas.

El curso que Cristóbal había decidido seguir para llevar sus naves a las Indias seguía un rumbo oeste desde las Islas Canarias, a una latitud de veintiocho grados norte. Creía que a esa misma latitud se encontraba Cipango (Japón), y que lo único que debía hacer para llegar hasta allí era mantener ese rumbo. Pero Cristóbal tenía otro motivo para emprender su camino hacia el oeste desde esa latitud, situada relativamente al sur. En sus anteriores viajes con los portugueses, a lo largo de la costa occidental de África, había notado la existencia de unos vientos que soplaban con constancia desde esas latitudes hacia el oeste. En efecto, tres días después de dejar las Canarias, encontró los vientos que buscaba. Las velas de los tres barcos se hincharon y las naves no tardaron en avanzar a buen ritmo hacia occidente.

La vida a bordo cayó en una monótona rutina. Cada media hora, cuando los últimos granos caían de

8 Güeste: «oeste».

9 Garxao: Probablemente un Charrán ártico, Sterna paradisea, que en esa época atraviesa el Atlántico de norte a sur.

la parte superior del reloj de arena, un muchacho le daba la vuelta a la ampolleta. Cada ocho giros del reloj representaban una guardia. Al alba, tras girar el reloj, el grumete cantaba:

> Bendita sea la luz y la Santa Veracruz,
> y el Señor de la Verdad y la Santa Trinidad.
> Bendita sea el alba y el Señor que nos la manda,
> bendito sea el día y el Señor que nos lo envía.

A continuación, tras rezar un Padrenuestro y un Avemaría, añadía:

> Dios nos dé buenos días; buen viaje; buen pasaje haga la nao, señor capitán y maestre y buena compaña, amén.

Antes de comenzar la primera guardia de la noche, al dar la vuelta a la ampolleta, el grumete cantaba:

> Bendita sea la hora en que Dios nació,
> Santa María que le parió,
> San Juan que le bautizó.
> La guardia es tomada,
> la ampolleta muele.
> Buen viaje haremos si Dios quiere.

Cuando los marineros no estaban de guardia, pasaban la mayor parte del tiempo durmiendo y pescando. Sin embargo, dormir en un barco no siempre era fácil. Los barcos no tenían dónde alojar a los tripulantes. Sólo Cristóbal y el capitán tenían camarotes. Cuando un marinero quería dormir, buscaba un espacio en cubierta y dormía como buenamente podía. Ni siquiera tenía que preocuparse por quitarse los zapatos, ya que la mayoría de los marineros iban descalzos.

Cada mañana a las 11:00 se servía una comida en el barco. Esta se cocinaba sobre un lecho de arena caliente, en un fogón situado en cubierta, y consistía principalmente en carne salada, guisantes secos y «bizcocho», una galleta dura hecha con harina y agua.

La noche del 15 de septiembre ocurrió un extraño fenómeno: las tripulaciones de los barcos vieron caer del cielo sobre el mar algo parecido a una llama de fuego[10]. Al día siguiente, diez días después de dejar atrás las Islas Canarias, Cristóbal escribió en su diario:

> Domingo 16 de septiembre. Navegamos día y noche hacia el güeste treinta y nueve leguas, pero solo conté 36. El día ha sido algo nublado y ha caído una llovizna.

Sin embargo, a partir de entonces el clima mejoró y durante el resto del viaje las temperaturas fueron muy suaves. Las mañanas eran tan agradables que…

> …no faltaba sino oír ruiseñores, y el tiempo era como el de abril en Andalucía.

Aquel mismo día, las tres embarcaciones se adentraron en una extensión donde el mar se encontraba en calma y la superficie estaba cubierta de algas de brillantes tonalidades marrones, amarillas y verdes. A Cristóbal y los demás miembros de la expedición les pareció que la zona se asemejaba a una vasta extensión de hierba recién cortada. Habían llegado al que sería conocido como Mar de los sargazos[11], una inmensa zona del Atlántico caracterizada por la presencia superficial de esa especie de alga. Cuando los marineros la vieron primera vez se llenaron de entusiasmo. Para ellos sólo podía significar una cosa:

10 N. del t.: Tanto el relato de Las Casas como el de Hernando Colón hacen referencia a este curioso suceso. Quizá vieron caer un meteorito.

11 Sargazos: Sería bautizado así más tarde por los navegantes portugueses, a los que las vejigas que mantienen a flote esta planta les parecieron racimos de uvas de la variedad Sarga.

la tierra estaba cerca. Pero al pasar el tiempo y no divisar tierra, el gozo se transformó en decepción, y empezaron a temer que los barcos quedaran inmovilizados entre aquellas plantas.

Cristóbal trató de animar a sus hombres, haciéndoles ver que avanzaban con firmeza a través del sargazo y que el continente asiático no podía estar muy lejos. Ciertamente, soplaban unos vientos muy favorables, y gracias a ellos los tres barcos siguieron adelante. Pero, paradójicamente, aquello acabó convirtiéndose en un problema para la tripulación. Los hombres empezaron a temer que el viento predominante que los impulsaba con determinación hacia el oeste les impidiera emprender el regreso al este. Se preguntaban cómo podrían navegar de vuelta a España si la brisa siempre empujaba en esa dirección. Cristóbal intentó tranquilizarlos, asegurándoles que podrían regresar sanos y salvos a casa. Les contó que, mientras navegaba con los portugueses, había aprendido que más al norte los vientos cambiaban de dirección y pasaban a soplar en dirección este.

El 22 de septiembre, los vientos de levante amainaron de repente y los barcos empezaron a luchar contra un viento de cara que procedía del oeste. Eso hizo que los temores de la tripulación se acallaran, aumentando la confianza en su capitán. El cambio de viento hizo también que el avance de los barcos se ralentizara y los tres barcos pudieron maniobrar lo suficientemente cerca los unos de los otros como para que Cristóbal y los demás capitanes pudieran comunicarse a voces. Al día siguiente, Cristóbal anotó en su diario:

> La gente murmuraba diciendo [...] que nunca ventaría para volver a España. Pero después se alzó

mucho la mar, aunque sin viento, lo que nos causó asombro. Muy necesaria me fue esta mar alta, tanto que fue como cuando Moisés sacó a los judíos del cautiverio de Egipto.

Por aquellos días los hombres empezaron a ver rabos de junco, albatros y otros tipos de aves, lo que convenció a Cristóbal de que se acercaban a tierra. El 25 de septiembre, Martín gritó desde la Pinta:

—¡Albricias[12], tierra!

Cristóbal miró hacia el horizonte en dirección suroeste y creyó ver la vaga silueta de una isla. Instintivamente, se arrodilló en la cubierta y dio gracias a Dios por haber cruzado a salvo la Mar Océana. Martín comenzó a cantar el *Gloria in Excelsis Deo* y, al oírlo, los hombres de la Santa María y los de la Niña comenzaron a imitarlo. A continuación, Cristóbal ordenó a los barcos poner rumbo directo hacia la isla. Sin embargo, a la mañana siguiente las esperanzas de todos se desvanecieron al darse cuenta de que tan solo se dirigían a un banco bajo de nubes que flotaba sobre el horizonte. Habían navegado un día y una noche en dirección equivocada.

Decepcionado, Cristóbal ordenó a los tres barcos que volvieran a poner rumbo al oeste. Los miembros de la tripulación obedecieron cabizbajos a la orden, ajustando las velas mientras el timonel tiraba de la pesada caña del timón y devolvía a la Santa María a su rumbo original.

Por entonces los barcos ya habían abandonado el Mar de los Sargazos, y pasaron los siguientes días navegando por un mar tan en calma que los marinos que sabían nadar aprovecharon para darse un baño. A pesar de la presencia constante de alcatraces, albatros, golondrinas de mar y petreles —aves que

12 Albricias: Para denotar júbilo.

indicaban que la costa no podía estar muy lejos— cuando llegó el mes de octubre no había aparecido aún tierra en el horizonte. Cada día la tripulación estaba más preocupada. Los suministros se agotaban y Cristóbal era consciente de que algunos hablaban de amotinarse, hacer virar los barcos y regresar a casa.

Para mantener el ánimo de los hombres, les dijo que estaba seguro de que se encontraban en el camino correcto hacia las Indias. Les hizo ver que estaban muy cerca de su objetivo y que no era momento de rendirse, mantendrían el rumbo hasta divisar tierra. A pesar de ello, a medida que las provisiones se acababan, la posibilidad de regresar con vida si no hallaban tierra se hizo más remota. El temor se propagó sobre todo entre los tripulantes de la nao capitana, la Santa María, porque en ella viajaban junto a Cristóbal los oficiales reales, que eran gente sin experiencia de navegación.

Además, Cristóbal sabía que la distancia real que habían recorrido era mucho mayor que la que él anunciaba a sus hombres y, por lo tanto, más difícil el regreso a España. Inquieto y temiéndose una rebelión, Cristóbal aprovechó que la Pinta se encontraba muy cerca de la Santa María y llamó desde la borda a Martín Alonso Pinzón:

—¡Martín, Martín!

—Decidme, almirante.

—Temo que mi tripulación murmura y tienes deseos de regresar. Lo cierto es que quizá tengan razón, pues hemos recorrido un largo trecho y no hallamos tierra —afirmó apesadumbrado Cristóbal.

Al oír aquellas tristes palabras de quien había siempre mostrado tanta convicción e infundido ánimo a todos, Martín comprendió que la situación era grave. Así que, con voz potente, contesto a Cristóbal de modo que todos pudieran oírlo:

—Señor, ahorque vuesa merced media docena de ellos, o échelos a la mar. Y si vuesa merced no se atreve, yo y mis hermanos[13] barloaremos[14] sobre ellos y lo haremos; que armada que salió con mandato de tan altos príncipes, no ha de volver atrás sin buenas nuevas. ¡Adelante, adelante!

Sofocados los ánimos por aquellas enérgicas palabras, la expedición siguió adelante. Pero, para disgusto de todos, a pesar de avistar continuamente numerosas bandadas de aves no vieron ninguna señal de la costa.

La noche del 6 de octubre, Cristóbal y Martín Alonso Pinzón hablaron de nuevo, de barco a barco.

—Señor, creo que si la isla de Cipango se encuentra donde decís, deberíamos variar el rumbo una cuarta hacia el suroeste —dijo Martín.

—No me parece una buena decisión. Creo que es mejor apuntar directamente hacia Catay, más adelante exploraremos las islas.

Aquella noche, sin embargo, a Cristóbal le costó conciliar el sueño. La situación en las naves era muy tensa y si ponían rumbo a Cipango quizá tocaran tierra antes. En cambio, si se pasaban de largo la isla, se arriesgaban a que el trayecto fuera aún mayor. A la mañana siguiente, había tomado una decisión: siguiendo el consejo de Martín Alonso Pinzón, ordenó variar el rumbo de las naves hacia el sudoeste[15].

Al día siguiente, el 9 de octubre, Cristóbal convocó una reunión de los tres capitanes a bordo de la Santa

13 N. del t.: Además de Martín Alonso y Vicente Yáñez, capitanes respectivamente de la Pinta y la Niña, otro de los hermanos Pinzón, Francisco, viajaba también como maestre de la Pinta.

14 Barloaremos: Término marinero referido a la acción de situar un buque al costado de otro.

15 N del t.: Si Colón hubiera desechado el consejo de Martín Alonso Pinzón la expedición no habría tocado tierra en el Caribe, sino en la península de Florida, en los actuales EE.UU. El imperio español se habría extendido principalmente por América del Norte, y la historia de la humanidad sería quizá muy distinta.

María. Les explicó que creía que las Indias estaban cerca, pero que la situación era muy preocupante. Les dijo que, si en tres días no habían avistado tierra, harían virar las naves y pondrían rumbo a España.

A las diez de la noche del 11 de octubre, el plazo se estaba agotando. A pesar de que ya era tarde, los tres barcos navegaban en la oscuridad a toda vela. Cristóbal observaba el horizonte desde el castillo de popa de la Santa María, mientras esta se balanceaba suavemente hacia adelante y hacia atrás con las velas hinchadas por la fuerte brisa. Mientras escrutaba la oscuridad, le pareció ver a lo lejos un resplandor parpadeante, parecido «a una candelilla de cera que se alzaba y levantaba». Llamó a Pedro Gutiérrez, al que le pareció verla también, pero el veedor real, Rodrigo Sánchez de Segovia, aseguró no ver nada.

Los barcos siguieron navegando mientras la luna se alzaba en el cielo nocturno. Cristóbal había prometido a su tripulación que, si no divisaban tierra en veinticuatro horas, harían virar las naves y regresarían a casa. Eran las dos de la mañana del 12 de octubre de 1492, cuando la voz de Rodrigo de Triana, el vigía de la Pinta, interrumpió con fuerte voz el silencio de la noche:

—¡Tierra! ¡Tierra!

Cristóbal corrió hacia la borda de la Santa María y se asomó a la oscuridad. Efectivamente, delante de ellos un acantilado blanco brillaba a la luz de la luna. Habían llegado a las Indias. Con la primera luz, Cristóbal desembarcaría y reclamaría aquella tierra para España.

Capítulo 7

San Salvador

A lo largo de la noche, Cristóbal observó con deleite cómo la luna se reflejaba en los acantilados de la costa que tenía delante. ¡Había perseverado y logrado llegar a las Indias!

Al amanecer, ordenó izar las velas y los barcos rodearon la punta sur de lo que pronto se vio que era una isla. Buscaron una abertura a través del arrecife de coral que la rodeaba y, mientras tomaba lecturas de profundidad con una plomada, Cristóbal pensó en cómo debía llamarla. ¿Isabela o Fernanda, por la reina o el rey de España? ¿O Española, por la propia España? Entonces se le ocurrió una idea.

Era Dios quien les había proporcionado un trayecto seguro hasta allí y había preservado las vidas de Cristóbal y su tripulación en medio de un gran peligro, y era Él quien debía ser honrado en primer lugar. Cristóbal estaba seguro de que el rey y la reina lo aprobarían, mientras susurraba para sí mismo el nombre de San Salvador.

Pronto encontraron una entrada a través del arrecife, y la Pinta, la Niña y la Santa María navegaron hacia un puerto seguro en la costa oriental de San Salvador. La tripulación reía y cantaba con gozo al echar el ancla; no estaban condenados a morir en la Mar Océana, como muchos de ellos habían llegado a creer.

Mientras tanto, Cristóbal se encontraba bajo cubierta, observando a un grumete que extraía una bandera de una funda de piel impermeable para subirla a cubierta. Cristóbal soltó un suspiro de alivio al desplegar el estandarte real de España. La bandera seguía en el mismo estado prístino que la última vez que la había revisado, al salir de las Islas Canarias treinta y cinco días antes.

Pocos minutos después, Cristóbal descendía por una escalera de cuerda atada a la borda de la Santa María para subir a un batel[1] y ser conducido a tierra. Además de los marineros y los remos de la embarcación, se encontraban en ella Rodrigo de Escobedo, secretario de la flota y notario, quien registraría oficialmente la ceremonia de colocación de la bandera en nombre de sus Altezas Reales Católicas de España; y el intérprete de árabe, Luis de Torres. El grumete, tras bajar ágilmente la escalera de mano y entrar en el batel, alzó la mano para que le entregaran la bandera por encima de la borda de la carabela. Una vez que todos estuvieron a bordo, los marineros remaron hacia la arena blanca de la playa, seguidos por Martín Alonso y Vicente Yáñez Pinzón, que los seguían en sus propios bateles.

Los hermanos Pinzón se mantuvieron a una respetuosa distancia, permitiendo que la embarcación de Cristóbal fuera la primera en tocar la arena de la orilla. Tan pronto como la quilla del batel quedó varada en

1 Batel: bote (‖ embarcación pequeña).

tierra, Cristóbal se incorporó y saltó al agua, sin saber que acababa de llegar a un nuevo continente. Avanzó hasta la orilla y al llegar a la tierra seca se hincó de rodillas y dio gracias a Dios por haber permitido que él y su tripulación llegaran a salvo a San Salvador. Las lágrimas se rodaron por sus mejillas al comprender que acababa de lograr la trascendental hazaña de encontrar el camino por occidente hasta las Indias.

Instantes después, los hermanos Pinzón se encontraban también en la playa junto a sus tripulaciones. Cristóbal hizo un gesto al grumete para que le trajera la bandera. Con una oración en los labios, hundió su asta en la arena. Luego se apartó y declaró:

—Yo, Cristóbal Colón, ahora Virrey y Gobernador General, Señor Almirante de la Mar Océana, en nombre de los Reyes de España, tomo formalmente posesión de este dominio, que desde ahora se llamará San Salvador.

Todos los europeos que estaban en la playa, que eran unos veinte, se pusieron a vitorear y gritar, pero Cristóbal no tardó en darse cuenta de que otros ojos los observaban. Entre la frondosa vegetación que se alzaba en el límite de la playa podía distinguir la figura de unos hombres desnudos que observaban la escena. Por un momento, Cristóbal pensó que era un maravilloso día para aquellos hombres. Hoy entrarían en contacto con la buena noticia de la salvación y, si era la voluntad de Dios, quizá fuera el día en que algunos de ellos abrazaran la religión cristiana.

Cuando cesaron los vítores, dos nativos salieron de la espesura y avanzaron lentamente hacia los españoles. Esto hizo que todos tuvieran tiempo suficiente para estudiarse. Cristóbal comprobó sorprendido que aquellos hombres no se parecían en nada a la descripción que conocía de los habitantes de Catay (China).

Eran de buena estatura, piel cobriza, frente ancha, y ojos grandes y redondos. Tenían el pelo corto y lacio como la cola de un caballo, y lo llevaban peinado hacia la frente, excepto una pequeña porción en la nuca que les colgaba hacia la espalda. Ambos nativos estaban desnudos, y uno de ellos tenía manchas de pintura, roja y negra, en la cara, el pecho, los brazos y las piernas. Mientras se acercaban, Cristóbal dudaba qué hacer con ellos. Se alegró al ver que ambos parecían bien alimentados, ya que eso significaba que la isla podría proporcionarles un buen número de provisiones.

Uno de los nativos —o indios, como pronto los llamaría— se acercó a Cristóbal y miró fijamente su espada. Cristóbal la extrajo con cautela de su vaina y se la tendió, pero este la tomó directamente por el filo de la hoja, haciéndose un pequeño corte en los dedos. Evidentemente, era la primera vez que aquellos hombres veían un objeto de hierro o acero, y el refulgir de la espada les había llamado la atención.

Pronto se dejaron ver por la playa otros nativos que habían permanecido espiando desde los arbustos. La mayoría de ellos parecían jóvenes. Cristóbal calculó que el hombre de más edad tendría como mucho treinta años. También notó que varios de ellos tenían cicatrices en el cuerpo, y por medio de gestos intentó averiguar cómo se habían hecho aquellas heridas.

También gesticulando, los nativos indicaron a Cristóbal que se las habían producido otros nativos de una isla cercana, que los atacaban para hacerlos cautivos. Cristóbal dedujo que serían gentes venidas de Cipango, o quizá de tierra firme. Dejó escapar un suspiro de alivio. El continente no podía estar ya muy lejos. Puede que en unos días lograran llegar allí.

Los nativos hablaban entre ellos en una lengua distinta a cualquiera que Cristóbal hubiera escuchado antes, así que hizo un gesto para que se acercara a ellos Luis de Torres, el intérprete de la expedición. Luis hablaba con fluidez el árabe, considerado la raíz de todas las lenguas, y Cristóbal sabía que si alguien podía entender el lenguaje de aquellos hombres y comunicarse con ellos ese hombre era Luis. Este comenzó a hablar con los nativos en un árabe sencillo, pronunciado lentamente. Sin embargo, aquellas gentes no parecían entender ni una palabra de lo que les decía. Cristóbal se sorprendió de su error y, por un momento, se preguntó si no se habría equivocado también en otras cosas. Pasado un rato, satisfecho de que todo hubiera ido tan bien en tierra, decidió que era hora de volver a los barcos.

Nada más subir a bordo de la Santa María, Cristóbal se dio cuenta de que los nativos de la isla se acercaban nadando a los barcos. Pronto, hombres, mujeres y niños subían a bordo de las tres naves. Al igual que los hombres de la playa, iban desnudos y llevaban consigo loros, ovillos de hilo de algodón, jabalinas y otros objetos que entregaban gustosamente a los españoles, a cambio de cuentas de cristal, cascabeles y otros pequeños objetos. Cristóbal ordenó a la tripulación que fueran tratados con respeto y, cuando los indios regresaron nadando a la orilla, estaba seguro de que españoles e indígenas habían establecido buenas relaciones. Había sido un día estupendo y lleno de éxitos.

Una vez en su camarote, Cristóbal comenzó a escribir un informe para el rey y la reina, en el que detallaba los acontecimientos del día:

> Como vi que eran muy amistosos con nosotros, y decidí que sería mucho más fácil convertirlos a nuestra santa fe por medios suaves que por la

> fuerza, les regalé gorras rojas y collares de cuentas, así como muchas otras baratijas de poco valor, con las que quedaron muy encantados, y nos tomaron un gran cariño... Me parece que es gente ingeniosa y que serían buenos sirvientes, y soy de la opinión de que se convertirían muy fácilmente en cristianos, ya que parecen no tener religión. Aprendieron rápidamente las palabras que se les dijeron. Si le place a nuestro Señor, tengo la intención de llevar a sus Altezas a seis de ellos, para que aprendan nuestra lengua... a menos que Sus Altezas decidan que todos los isleños sean transportados a Castilla, o mantenerlos cautivos en la isla. Yo podría conquistarlos a todos con cincuenta hombres, y gobernarlos como quisiera.

Cristóbal pasó el resto del día a bordo de la Santa María. A menudo miraba hacia San Salvador y sonreía al ver el estandarte real de España ondeando gracias a la brisa que soplaba en la playa. Los indios no lo habían tocado, lo que le pareció señal de que seguirían siendo bien recibidos. Aquella noche dedicó más tiempos a sus oraciones, ya que tenía mucho que agradecer: la buena acogida que les habían dispensado los nativos, la provisión de agua fresca y comida, y saber que sería aclamado como un héroe a su regreso a España.

Recostado en el lecho, volvió a sorprenderse de que los nativos fueran desnudos y no hablaran árabe. ¿Cómo podían ser habitantes de las Indias? Se le ocurrió que, quizá, aunque estaba ya en las Indias, habrían llegado a alguna de las islas más exteriores que salpicaban la costa de Catay, una que quizá las gentes de Catay ni siquiera conocían. Más hacia el oeste se encontraría con Cipango (Japón), y luego arribaría a tierra firme en Catay (China), así que lo que debía hacer era seguir navegando hasta encontrar aquellos lugares.

Al alba, el ruido de unos golpes y las voces de los vigías de la mañana despertaron a Cristóbal, que se levantó para ver qué ocurría. Nada más salir a la cubierta del castillo de popa, se le aceleró el corazón al descubrir que aquella conmoción la provocaba un enjambre de pequeños barcos nativos de aspecto extraño que se arremolinaban alrededor de las naves ancladas. Aquellas embarcaciones eran algo completamente novedoso para Cristóbal. Habían sido talladas en el tronco de un árbol y algunas eran lo suficientemente grandes como para transportar a cuarenta o cuarenta y cinco hombres, mientras que otras eran tan pequeñas que sólo cabía un indio. Aquellas barcas se deslizaban rápidamente por el agua, impulsadas por remos con forma de pala de hornero. Si, por alguna razón, algunas de ellas volcaba, los que iban a bordo se lanzaban al mar y le daban hábilmente la vuelta.

Al igual que los nativos del día anterior, los hombres de las extrañas embarcaciones venían cargados de bolas de algodón, loros, jabalinas y otros objetos, dispuestos a cambiarlos por cualquier cosa que los españoles les dieran.

Cuando subieron a bordo, Cristóbal se dio cuenta de que varios de ellos se adornaban con joyas de oro. Algunos las llevaban colgadas del cuello, otros las lucían en los agujeros de la nariz. Cristóbal tuvo que recurrir de nuevo a los gestos y señales, con el fin de averiguar de dónde provenía aquel oro. Le pareció entender que procedía de un rey que poseía un gran número de vasos de aquel metal. Pero cuando Cristóbal preguntó dónde se encontraba aquel rey, la respuesta de los nativos fue confusa. Algunos hombres señalaron en dirección al otro extremo de la isla, mientras que otros señalaron hacia el sur. Cuando insistió en conocer la ubicación exacta del rey y su oro, acabaron admitiendo que no sabían exactamente dónde estaba. Sin embargo, aseguraron a Cristóbal que encontraría otras tierras al sur de las islas, así como al suroeste y al noroeste. Allí podría encontrar al rey de los vasos de oro.

Cristóbal decidió que antes de partir hacia el sur en busca del lugar de donde procedía el oro, se quedarían hasta la noche siguiente para explorar la isla de San Salvador. Así que, cuando los nativos abandonaron el barco, Él y varios miembros de la tripulación bajaron a tierra para examinar el lugar. Descubrieron que San Salvador tenía unos veintiún kilómetros de largo y diez kilómetros de ancho, y que en el centro había un gran lago, del que salían varios riachuelos. Toda ella estaba cubierta de frondosos árboles y espesa vegetación. Era una isla muy diferente de las Canarias, que habían dejado atrás al otro lado de la Mar Océana.

A la mañana siguiente, poco después de que saliera el sol en las aguas cristalinas de la caleta donde estaban anclados los barcos, Cristóbal descendió de nuevo por la borda la Santa María para embarcar en el batel. Antes de partir, ordenó a los hombres que vaciaran los cántaros de agua que quedaban a bordo de las naves y los rellenaran con agua fresca tomada de los arroyos de la isla. A continuación, se dispuso a circunnavegarla. Los fuertes brazos de los marineros tiraron de los remos y la embarcación comenzó a avanzar.

Las dos carabelas y la nao habían echado el ancla en el extremo oriental de San Salvador, y el batel se dirigió hacia el norte para rodearla. Poco después de llegar a su extremo septentrional, avistaron una aldea y vieron cómo sus habitantes corrían hasta la playa y comenzaban a hacerles señas. Sin embargo, Cristóbal decidió no detenerse en aquel punto. Cerca de la orilla había muchos arrecifes y no quería arriesgarse a dañar el casco del batel. Sorprendido, advirtió que, si él no se acercaba a los nativos serían ellos los que se acercarían hasta él. Los indígenas se lanzaron al agua y empezaron a nadar hacia el barco. Al llegar, se aferraron a la borda y se quedaron embobados mirando a los españoles. Luego, los más valientes extendieron la mano hacia el rostro blanco y barbado de aquellos extraños personajes. Al igual que los habitantes del extremo oriental de la isla, estos también se mostraron extremadamente comunicativos e intentaron hablar con Cristóbal mediante señas y gestos. Parecían preguntar a los visitantes si habían bajado del cielo.

Tras establecer relaciones amistosas con ellos, otro grupo de nativos nadó hacia el barco llevando comida y agua fresca. No lograron reconocer ninguno de aquellos alimentos. Uno de ellos era una fruta cubierta de puntas afiladas, cuyo sabor recordaba vagamente al de una manzana ácida, también probaron por primera vez raíz de yuca cocida, que tenía una textura fibrosa y les pareció insípida. Al principio se mostraron reacios a ingerir aquellos manjares, pero a fin de entablar amistad con los nativos, Cristóbal decidió dar ejemplo y accedió a probarlos.

Tras haber comido algo, se despidieron y siguieron remando. Encontraron dos aldeas más a lo largo de la costa, y en cada una de ellas fueron recibidos de la misma forma.

Finalmente, a media tarde, el batel regresó al costado de la Santa María. Los barriles de agua de la nave habían sido rellenados con agua fresca, tal como Cristóbal había ordenado. Además, los capitanes habían obtenido de los habitantes de la isla una buena provisión de alimentos locales que intercambiaron por puntas de encaje, pequeños conos de metal que se utilizaban en Europa para hacer collares. La tripulación del batel suspiro al ver que sus compañeros introducían en la bodega un cargamento de raíces de yuca. Cristóbal sonrió por dentro; una comida insípida era mejor que nada y cuando tuvieran suficiente hambre se sentarían con gusto a comer raíz de yuca cocida.

A última hora de la tarde, cuando el sol empezaba a declinar en el horizonte, Cristóbal decidió que era el momento de dejar atrás San Salvador. Antes, hizo que varios marineros remaran hasta la playa y recuperaran el estandarte real. Esperaba encontrar muchas más costas que reclamar para España. También hizo que su tripulación capturara a los últimos siete indios que habían subido a bordo de la Santa María, con la esperanza de que supieran guiarlos a las tierras abundantes en oro que, supuestamente, encontrarían al sur y al oeste de aquel punto. Uno de los nativos aprovechó un descuido para lanzarse por la borda y escapar nadando hasta la orilla, así que los seis restantes fueron encadenados bajo cubierta. Resuelto el incidente Cristóbal ordenó levar anclas e izar las velas. La Pinta, la Niña y la Santa María se deslizaron por un canal entre los arrecifes y, dejando atrás la costa, avanzaron con el viento de popa hacia la siguiente etapa de su gran empresa.

Capítulo 8

Aún más islas

Los barcos navegaron hacia el suroeste y, a última hora de la tarde del día siguiente, apareció otra isla en el horizonte. A Cristóbal se le ocurrió el nombre de Santa María de la Concepción y decidió que era perfecto para bautizar a su segundo descubrimiento, ya estaba seguro de que la Virgen María los había protegido y guiado a salvo hasta aquel lugar.

Como se estaba haciendo tarde, decidió anclar en alta mar y esperar al alba, antes de arriesgarse a navegar por los bancos de arena y los arrecifes que rodeaban la isla. A primera vista, se parecía mucho a San Salvador. Sus playas eran de arena blanca y brillante, y la parte llana estaba cubierta de una vegetación muy frondosa. Cristóbal tenía la esperanza de que los indios de la isla fueran tan amistosos como los de San Salvador, y así ocurrió. Estos les dieron la bienvenida y se mostraron muy contentos con los bonetes[1] rojos, los cascabeles y las cuentas de cristal que les obsequiaron los españoles.

1 Bonetes: Gorro.

Habían fondeado en un lugar donde soplaba un viento bastante fuerte. Así que, en lugar de pasar la noche allí, Cristóbal decidió seguir navegando en busca de una isla más grande, que con suerte sería Cipango o, mejor aún, incluso del continente, si lograban llegar a Catay.

Ese mismo día apareció en el horizonte una isla mucho más grande. Cristóbal la bautizó inmediatamente como Fernandina y se acercó a ella con cautela. Lo que encontró al desembarcar allí, con parte de la tripulación, le impresionó mucho más que lo que había visto en las otras dos islas. Cerca de la orilla había una aldea rodeada de un gran jardín, en el que crecía una extraña variedad de grano que los nativos llamaban mahís (maíz). También observó que sus habitantes tenían animales, pero sólo vio loros y lagartijas; ninguna oveja, cabra o vaca. Había varios cerdos a bordo de la Pinta, pero Cristóbal decidió que eran una fuente de alimento demasiado valiosa como para soltarlos allí.

Hubo algo más que llamó la atención de Cristóbal. Se trataba de un ingenioso invento al que los nativos llamaban hamaca: una tela de algodón colgada entre dos árboles que se utilizaba como cama. Cristóbal pensó inmediatamente en su tripulación a bordo del barco. Dormirían mucho mejor suspendidos en el aire de aquella manera que tumbados en la dura cubierta.

Al igual que en las anteriores islas, parecía haber poco oro en Fernandina. Cuando preguntó a los nativos dónde podían encontrarlo, le señalaron hacia el sur. Así que no tardó en reclamar Fernandina para los reyes de España y seguir navegando.

Por entonces, los nativos apresados en San Salvador habían aprendido a comunicarse con desenvoltura mediante gestos y signos. Cristóbal quedó entusiasmado cuando le informaron de que los cautivos afirmaban que el oro procedía de una tierra llamada Colba (Cuba), y concretamente de una ciudad que conocida como Cubanacan. Aquel nombre le recordó mucho al del gran Kan, sobre todo si se decía rápidamente, y Cristóbal quedó convencido de que Colba era realmente la tierra firme de Catay. Pero lo mejor es que solo estaba a un par de días de navegación.

Los barcos avanzaron a toda velocidad, sorteando islas que Cristóbal y su tripulación iban nombrando a medida que aparecían en el horizonte, mientras buscaban al oeste alguna señal de que se acercaban a Colba. Finalmente, el 28 de octubre de 1492, divisaron una larga línea de costa. Cristóbal dijo a su tripulación que seguramente se trataba de la tierra firme, y que habían llegado a Asia. Pero les esperaba una decepción. En lugar de descubrir la civilización avanzada que Cristóbal esperaba encontrar en tierra firme, los españoles que desembarcaron volvieron con una descripción del lugar muy semejante a la de las otras islas que habían encontrado por el camino: nativos semidesnudos, toscas chozas de paja y cuencos de pan de yuca a medio hacer. Aunque abatido por estos hallazgos iniciales, Cristóbal no estaba dispuesto a rendirse. Llamó a su intérprete, Luis de Torres, y a un marinero y los envió a adentrarse en el interior, hasta encontrar una ciudad de grandes dimensiones llena de riquezas. Para asegurar el éxito de la pequeña expedición, Cristóbal les entregó la carta de presentación que le habían dado los reyes de España[2].

—Debéis entregar esta carta al gran Kan —les indicó— tan pronto como os reciba en audiencia.

2 N. del t.: Se redactó por triplicado y hoy en día se conserva una copia en el archivo de la Corona de Aragón.

Ambos hombres partieron con valentía, y Cristóbal decidió que aprovecharía la espera para recoger algunos especímenes de la flora y la fauna locales, así como para reparar los barcos. Los marineros capturaron muchos loros de colores brillantes, y algunos de ellos lograron acorralar y matar a un cocodrilo, criatura que ninguno de ellos había visto antes, pero que los indios describían como un depredador feroz, capaz de aplastar a un hombre entre sus fauces. Tras destriparlo, secaron su piel al sol para conservarla y la rellenaron con algodón, con el fin de llevarlo a España como trofeo.

Así fueron transcurriendo los días hasta que, una mañana, los dos hombres regresaron a la nave. Todo el mundo estaba ansioso por escuchar su informe. Por desgracia, las noticias no resultaron alentadoras. Luis informó que no había encontrado una sola persona que entendiera el árabe, fenómeno que resultaba inexplicable. Habían logrado encontrar un gran pueblo, formado por unas quinientas chozas, pero sin rastro de oro. En cuanto a sus habitantes, estos eran hospitalarios, pero sobre todo porque parecían creer que aquellos hombres blancos habían sido enviados por los dioses.

Luis tenía otro hecho sorprendente que comunicar. Muchos de los indios del interior de la isla tenían una extraña costumbre. Encendían la punta de un rollo de hojas bien apretadas, se llevaban el otro extremo a los labios y aspiraban el humo. Los nativos parecían disfrutar de la sensación que les producía tragar ese humo, aunque a Cristóbal y el resto de los hombres les resultaba imposible imaginar por qué.

Cristóbal estaba seguro de que, cuando los reyes recibieran su informe, aquella extraña costumbre de los indios les resultaría interesante. Pero aquello no podía sustituir a la noticia del descubrimiento de grandes cantidades de oro. Una vez más, Cristóbal decidió seguir navegando. Antes de abandonar Colba, rebautizó el lugar con el nombre de Juana, en honor a la hija de Fernando e Isabel.

El jueves 22 de noviembre, tras terminar de reparar los barcos, se alejaron de Juana, con la Pinta a la cabeza y la Santa María y la Niña a popa. Sin embargo, a medida que avanzaba el día, la Pinta se fue alejando de las otras dos naves hasta desaparecer en el horizonte. Cristóbal dio por sentado que Martín avanzaría dando bordadas[3] hasta que la Santa María y la Niña pudieran alcanzarlo, pero no fue así. El viernes por la mañana, tuvo que hacerse a la sorprendente idea de que la Pinta les había dejado atrás de manera deliberada. Aunque al percatarse de ello mantuvo la calma, por dentro se sentía furioso. Estaba seguro de que Martín se había cansado de seguir órdenes y decidido aventurarse por su cuenta, en busca de oro y gloria. Esto dejaba a los otros dos barcos en una situación precaria. Si uno de ellos se veía en dificultades, ambas tripulaciones se verían obligadas a alojarse en un solo barco. Cristóbal trató de no pensar mucho en aquella posibilidad, ya que poco podía hacer al respecto.

La Santa María y la Niña volvieron a echar el ancla el 5 de diciembre. A Cristóbal le resultaba difícil mantener el ánimo de sus hombres. Todos habían hecho el viaje con la ilusión de encontrar grandes riquezas, pero la esperanza de conseguirlas se iba desvaneciendo con cada isla que visitaban.

No obstante, tuvo un pálpito. Sintió que aquella nueva isla frente a la cual acababan de anclar era diferente. Los lugareños la llamaban Haití, pero él la rebautizó como La Española. Mientras intentaba

3 Bordadas: Es decir, en zigzag.

describirla en su diario, pensó en el día en que los reyes leerían su relato:

> La costa de esta isla tiene muchos puertos, sin comparación con los que he conocido en la cristiandad, y numerosos ríos, buenos y grandes, lo cual es maravilloso. Sus tierras son elevadas y en ella hay muchas sierras y montes muy altos... Todos son muy hermosos, los hay de mil formas, y todos de fácil acceso y llenos de árboles de mil clases, tan altos que parecen tocar el cielo; y me han dicho que nunca pierden su follaje, lo cual puedo creer, pues están tan verdes y hermosos como en España en mayo, y algunos de ellos estaban florecidos, otros con frutos... En el interior hay muchas minas de metales.

Cristóbal no estaba del todo seguro respecto a esa última afirmación, pero esperaba que fuera cierta, y que alguna de esas minas produjera oro.

Mientras tanto, Cristóbal y sus hombres se dedicaron a conocer mejor a los habitantes de la isla. El 16 de diciembre, invitó a un jefe local a cenar en su camarote de la Santa María. A Cristóbal le impresionaron las joyas de oro macizo con las que se adornaba el jefe, y fueron para él otra señal de que cada vez se encontraban más cerca del lugar de donde procedía el ansiado metal.

Poco a poco, el número de indios que se acercaban a visitar las naves fue haciéndose mayor. El 22 de diciembre, cerca de mil quinientos nativos subieron a bordo de la nao y la carabela para inspeccionarlo todo, desde los clavos que mantenían unidos los tablones hasta el arenero de la cubierta, que utilizaban para cocinar. Incluso examinaron con interés las ya muy gastadas costuras de las velas. Cristóbal pasó muchas horas observando a los visitantes y cuando abandonaron el barco, incluyó la siguiente reflexión en su informe oficial a los reyes:

> Para gobernar aquí solo habría que fundar un asentamiento y afirmar la autoridad sobre los nativos, que cumplirán todo lo que se les ordene. Yo, con mi tripulación —apenas un puñado de hombres— podría conquistar todas estas islas sin resistencia alguna. Los indios siempre huyen; no tienen armas, ni espíritu de guerra. Están desnudos e indefensos, por lo que están listos para recibir órdenes y ponerse a trabajar.

Tres días después, le llegó la noticia de que el oro de La Española no procedía de una mina, sino del polvo de oro que los nativos obtenían lavando la arena de los ríos. Fue una gran decepción, pero Cristóbal se consoló con los informes que señalaban a la existencia de más oro en la costa opuesta de la isla.

Por entonces, un rico jefe llamado Guacanagari, que procedía de una zona conocida como Cibao, que se extendía por la costa noreste de La Española, le envió a Cristóbal un regalo a través de un mensajero. Se trataba de un cinturón, y su hebilla era una máscara cuya lengua, orejas y nariz estaban hechas de oro macizo. Inmediatamente, decidió navegar por la costa hacia el este con el fin de encontrar a Guacanagari, aunque avanzaron despacio debido a los vientos contrarios. El trayecto por aquellas aguas desconocidas presentó tantas dificultades que Cristóbal y su tripulación ni siquiera podían hacer turnos para dormir. Finalmente, la tarde del 24 de diciembre de 1492, en Nochebuena, alcanzaron el este de Cabo Haitiano y, tras doblarlo, el viento de proa disminuyó y las aguas se calmaron. Se encontraban tan agotados que Cristóbal ordenó virar hacia una isla cercana a la costa, en busca de una cala a cuyo abrigo pudieran pasar la noche.

A las once de la noche del 25 de diciembre, el día de Navidad, tras dos días y una noche sin poder descansar, mientras el mar se batía suave y rítmicamente contra el costado de la Santa María, Cristóbal decidió por fin dormir un poco, confiado en que la nave estaba al cuidado de manos expertas. Sin embargo, apenas acababa de recitar sus oraciones vespertinas y de cerrar los ojos, cuando escuchó un grito espeluznante. Cristóbal saltó de su litera, tomó su espada y salió corriendo a cubierta.

Capítulo 9

El naufragio

No tardó mucho en descubrir que el grito provenía de un grumete, una cubierta más abajo.

—¿Dónde está el timonel? —dijo Cristóbal, lanzándose por la escotilla.[1]

—Está durmiendo —respondió el grumete con los ojos desorbitados por el miedo—. Me dijo que llevara el timón, y que por la mañana no le comentara nada a su merced.

—¡No me extraña! —exclamó Cristóbal—. ¡Le ordené que se quedara en su puesto toda la noche! Y bien, muchacho, ¿a qué viene todo este alboroto?

—Hemos chocado con algo, señor, así que me asusté y solté un grito. Ahora no puedo mover el timón —respondió el grumete.

Con semblante sombrío, Cristóbal subió a cubierta, corrió hacia la borda del barco y se asomó al mar iluminado por la luna. Apenas podía creer lo que

1 Escotilla: Abertura en la armazón de una nave, aeronave o carro de combate, que comunica con un espacio interior.

veía. Su peor pesadilla hecha realidad. La Santa María había encallado en un arrecife de coral; debía dar de inmediato la orden de abandonar el barco.

Afortunadamente, toda la tripulación pudo llegar sana y salva a la costa o subir a bordo de la Niña. Cristóbal optó por embarcar en la segunda nave, y dedicó el resto de la noche a pasear nervioso por cubierta esperando ansiosamente el amanecer. A pesar de los daños sufridos en el casco, tenía la esperanza de que la marea alta permitiera desencallar a la Santa María. Sin embargo, la subida de la marea solo consiguió elevar el barco unos quince centímetros, lo que no fue suficiente para liberarlo de las rocas. Cristóbal tuvo que enfrentarse al hecho de que su nave insignia había naufragado. Ahora debían centrarse en rescatar de la nao tanta carga y equipamiento como fuera posible.

La tripulación contó con la ayuda de los nativos, que ayudaron a los españoles en su esfuerzo por poner a salvo todo lo que pudieran. Todos trabajaron incansablemente hasta que terminaron de apilar en la playa casi todo lo rescatable. Para sorpresa de Cristóbal, los indios no sustrajeron ni siquiera una cuenta de vidrio o una punta de encaje. Esa noche, relató en su informe a los reyes su admiración por el comportamiento de la población local:

> Son gente cariñosa, dócil y generosa, y juro a Sus Altezas que no hay mejor pueblo ni país en la tierra. Aman a su prójimo como a sí mismos, y su forma de hablar es la más gentil y dulce del mundo; siempre hablan con una sonrisa. Es cierto que tanto los hombres como las mujeres van desnudos, como sus madres los parieron, pero sus Altezas pueden creerme que tienen entre sí muy buenas costumbres, y su rey es servido con gran honor y muestra tal dignidad que es agradable de ver. Qué memoria

tan buena tiene esta gente, y están deseosos de saberlo todo. Esto les mueve a hacer muchas preguntas sobre qué es algo y para qué sirve.

Desaparecida la Pinta y con la Santa María naufragada, la expedición sólo contaba con la Niña. Cristóbal comprendió que su empresa de Indias había terminado. No podía seguir explorando y correr el riesgo de perder el último barco que le quedaba. Si naufragaban de nuevo jamás regresarían a España, y nadie iría nunca a rescatarlos, porque nadie sabía dónde se encontraban. Así pues, Cristóbal hizo planes para regresar a casa lo antes posible, aunque afrontar el viaje de vuelta en aquellas condiciones no era algo que le apeteciera. Al contrario, partir en solitario para cruzar la Mar Océana iba en contra de todo lo que sabía sobre el arte de navegar. Un viaje tan peligroso sólo debía emprenderse con otro barco de apoyo.

Mientras se preparaba para zarpar hacia España, Cristóbal comenzó a preguntarse si el naufragio de la Santa María había sido sólo un desafortunado accidente o Dios tenía algún propósito para aquel desastre. Finalmente, llegó a la convicción de que Dios quería que estableciera una colonia en ese punto de La Española. Cuando comunicó a la tripulación de la Santa María su visión de lo ocurrido, se sorprendió al ver que muchos de sus hombres competían por quedarse en la isla. Algunos estaban ansiosos por ser los primeros en encontrar oro en las Indias y, gracias a ello, hacer fortuna. Otros, como Luis de Torres, eran judíos conversos, y decidieron que las circunstancias no eran las mejores para regresar a España.

Cristóbal dio así la orden de establecer un campamento fortificado en tierra, al que llamó Villa de la Navidad, en honor al día del naufragio. Para construir el campamento se utilizaron tablones del casco de la Santa María. En poco tiempo, la fortificación estuvo terminada y se eligieron treinta y nueve hombres para quedarse, a los que dejaría la mayor parte de los suministros rescatados del naufragio de la Santa María, así como el batel de esta. La mayoría pertenecían a la tripulación de la Santa María, aunque algunos eran de la Niña.

Cristóbal tomó entonces una decisión con la que demostró ser peor político que almirante: en lugar de escoger a alguien con la autoridad y dotes de liderazgo necesarias para mantener el orden durante su ausencia, puso al mando del fuerte a Diego de Arana, un primo de Beatriz, cuyo único mérito era ser familia del descubridor. Las consecuencias de tal medida acabarían afectándolo personalmente.

El 31 de diciembre, los españoles y algunos indios invitados a celebrar con ellos festejaron la llegada del Año Nuevo; y el 2 de enero de 1493, expedicionarios e indios se reunieron de nuevo, aunque esta vez para despedir a la Niña.

Al amanecer del 4 de enero, la Niña zarpó del fuerte Navidad con destino a España. A bordo estaban los seis nativos que habían hecho cautivos en la isla de San Salvador poco después de llegar. Mientras el barco se alejaba, Cristóbal se situó en el puente de popa y saludó a los hombres que dejaba atrás en tierra. Sabía que el futuro de ellos era tan incierto como el de la Niña, que quizá no lograra regresar sola a través de la Mar Océana. Rezó una oración por sus hombres y los confió al cuidado de Dios.

El plan de Cristóbal consistía dirigirse hacia el norte hasta llegar a las latitudes donde el viento soplaba del oeste. Una vez allí, cuando estimara que había alcanzado la latitud de España, viraría hacia el este y dejaría que el viento de popa le empujara de nuevo a través de la mar. Sin embargo, llegar a esas latitudes del norte donde soplaban los vientos favorables resultó ser más difícil de lo que Cristóbal había imaginado. Los vientos de la costa septentrional de La Española cambiaban constantemente de dirección o se extinguían, y Cristóbal tuvo que emplear toda su destreza como marino para que el barco continuara avanzando.

Dos días después de salir de Navidad, mientras luchaba con el viento por hacer avanzar a la Niña, Cristóbal apenas pudo creer lo que veían sus ojos. Un barco apareció en el horizonte. Era la Pinta y había perdido toda esperanza de volver a verlo. A medida que la carabela se acercaba a ellos, sintió que aumentaba su ira hacia Martín Alonso Pinzón por haberse separado del resto de la flota. Pero cuando el capitán de la Pinta bajó a un batel, se acercó al costado de la Niña y subió a bordo, Cristóbal se dio cuenta de que tenía que perdonar a Alonso y su tripulación. Las posibilidades de que ambas tripulaciones volvieran a España eran mucho mayores si los dos barcos navegaban juntos y actuaban como un equipo.

Por su parte, Martín se disculpó por haber salido en busca de oro. Dijo que había navegado hasta la isla de Gran Inagua para comprobar por sí mismo si era cierto el rumor que contaban los indios de que se podía recoger oro en las playas. Martín informó a Cristóbal de que el rumor había resultado ser falso. Entonces navegó por la costa de La Española y ancló cerca de la región del Cibao, donde encontraron mucho oro. Mientras estaba anclado allí, se enteró por los nativos del desastre que había sufrido la Santa María y partió inmediatamente para echar una mano al almirante y a su tripulación.

Juntas, la medianoche del 8 de enero, la Niña y la Pinta iniciaron su viaje de regreso a España. Ninguna de las dos embarcaciones estaba ya en buenas condiciones; las velas de los barcos estaban desgastadas, y ambos buques tenían fugas, lo que mantuvo a sus tripulaciones ocupadas achicando agua de las sentinas.

Una legua tras otra, ambos barcos fueron avanzando hacia el norte, hasta que, el 31 de enero, el viento cambió de dirección y empezó a soplar del oeste. Ese era el viento que Cristóbal esperaba, aunque, para asegurarse, continuó rumbo norte durante otros cuatro días. Finalmente, tras tomar una lectura de la Estrella Polar, decidió que ya se encontraban en la misma latitud que España y ordenó a los barcos que cambiaran su rumbo y se dirigieran hacia el este. A partir de ese momento, con el viento a favor, ambos barcos avanzaron a toda velocidad y, durante los cuatro días siguientes, recorrieron una media de doscientos cuarenta kilómetros diarios.

Mientras tanto, Cristóbal no sabía que Europa vivía uno de los inviernos más fríos y ventosos de su historia y que, en ese momento, una monstruosa tormenta aullaba en el océano. El 12 de febrero, ambos barcos se adentraron en ella. Los feroces vientos cruzados rugían a su alrededor, azotando el mar en forma de olas gigantes, que rompían sobre ambos barcos. La Niña sufrió especialmente el embate de las olas. Por entonces, la mayor parte de las provisiones que llevaban a bordo ya se habían agotado y, al llevar poco lastre, el barco se balanceaba precariamente, hasta el punto de que Cristóbal creyó que se hundirían. Pensando que iba a naufragar, Cristóbal preparó un resumen de su diario y lo selló en un viejo barril de vino que arrojaron por la borda. Tenía la esperanza de que, aunque la Niña se hundiera, su relato de la empresa que habían realizado pudiera llegar de algún modo a manos de Fernando e Isabel.

Al mismo tiempo que Cristóbal preparaba su resumen, los oficiales y la tripulación echaban a suertes quiénes de ellos peregrinarían a algún famoso santuario de la Virgen María, si esta los salvaba de la tormenta. A pesar de ello, el viento seguía aullando a su alrededor y las olas barrían la cubierta. La tormenta se hizo tan feroz que ambas naves se separaron, perdiéndose de vista por completo.

Al día siguiente, ya sola en medio del furioso océano, la Niña seguía a flote. Esta vez fue toda la tripulación, incluido Cristóbal, la que juró ir en romería al primer santuario de la Virgen que encontraran si lograban sobrevivir. Prometieron hacerlo vistiendo sólo su ropa interior y sus camisas. Para alivio de Cristóbal, pronto los vientos comenzaron a amainar. El 15 de febrero, poco después del amanecer, los hombres divisaron por fin tierra en el horizonte. Cristóbal adivinó que se trataba de una de las islas de las Azores. Sin embargo, el viento había girado y soplaba del este, y tardaron tres días en lograr que la maltrecha Niña pudiera llegar frente la isla y echar el ancla. El alivio que sintió Cristóbal cuando ordenó arriar las velas fue indescriptible.

La isla a la que habían llegado era la Santa María, la más meridional de las Azores. En el pueblo de pescadores de Nossa Senhora dos Anjos, cerca de donde el barco estaba anclado, había una iglesia dedicada a la Virgen María. Tan pronto como pudo, toda la tripulación —excepto Cristóbal, tres marineros, algunos grumetes y los seis indios— se puso en marcha hacia el santuario, vestidos sólo con sus camisas largas en señal de penitencia, según el voto que habían realizado. Cristóbal y los escasos hombres que con él estaban se quedaron vigilando el barco mientras el grueso de la tripulación estaba fuera, aunque decididos a cumplir también con la promesa tan pronto como los demás regresaran.

Mientras aguardaba en la cubierta de la Niña, Cristóbal comenzó a preguntarse por qué la tripulación se demoraba tanto en volver de la romería. En ese momento, advirtió que una pequeña embarcación se acercaba a la nave desde la orilla. Cuando estuvo al costado de la Niña, un hombre se presentó como gobernador de la isla y exigió a Cristóbal que se entregara prisionero, como ya había hecho el resto de la tripulación, que se encontraba en la prisión del pueblo.

Las Azores eran territorio portugués y, según el gobernador, la llegada de un barco español a la isla sólo podía significar una cosa: que volvía de un viaje ilícito al África Occidental, del que Portugal tenía el dominio exclusivo.

—Le aseguro que su idea es errónea —contestó Cristóbal al gobernador—. Ni yo, ni mi barco, ni mi tripulación hemos estado cerca de la costa occidental de África. Le exijo que libere a mis hombres, a los que ha apresado injustamente. Sus majestades católicas y el rey de Portugal son amigos y, con su actitud, no solo ofende a los reyes de España, sino también al rey de Portugal, quién será debidamente informado.

—No me deja otra opción que abordar su barco y llevármelo a la fuerza —dijo el gobernador.

—Si lo intenta, yo y los que estamos abordo le haremos frente con todas nuestras fuerzas —replicó Cristóbal— Además, iré con el resto de mis hombres al pueblo y lo atacaré. No solo liberaré a mi tripulación, sino que haré cautivos a todos los portugueses y dejaré la isla despoblada.

En ese momento, el gobernador empezó a ponerse nervioso. No sabía qué decisión tomar tal y como se habían puesto las cosas. Cristóbal tampoco estaba seguro de lo que debía hacer. Ni siquiera le quedaban hombres con los que poder manejar adecuadamente el barco, y la amenaza de atacar la isla solo pretendía atemorizar al gobernador portugués. Sin embargo, antes de que el conflicto pudiera resolverse, se desató un vendaval fuerte y repentino. El gobernador regresó todo lo rápido que pudieron remar sus hombres, a refugiarse en la orilla. Mientras tanto, la Niña se esforzaba en reforzar el cabo que los mantenía anclados, el cual finalmente se rompió, dejando el barco a la deriva en medio de las enfurecidas olas. Afortunadamente, el viento soplaba desde la costa y empujó a la Niña a mar abierto, y no hacia la costa rocosa. Pronto, la isla de Santa María desapareció en el horizonte.

Cristóbal y los tres marineros, ayudados por los grumetes y los indios, trabajaron frenéticamente para izar las velas y hacerse con el control del barco. Finalmente lo consiguieron y, cuando el vendaval amainó, tuvieron que enfrentarse al problema de cómo navegar con la Niña de regreso a la isla de Santa María con una tripulación tan raquítica. Por otro lado, si lo lograban, no sabían lo que les esperaría allí.

Capítulo 10

España al fin

Dos días más tarde, la Niña regresó a la isla de Santa María con su agotada tripulación. Al echar el ancla una vez más frente al pueblo pesquero de Nossa Senhora dos Anjos, Cristóbal se preparó para un desagradable conflicto con el gobernador de la isla. Sin embargo, no tuvieron que enfrentarse a él. Mientras la Niña se debatía con la tormenta, el gobernador había reconsiderado su posición. Tras considerar la dificultad de apresar el barco o capturar al almirante, y las temibles represalias a las que se arriesgaba, decidió aparentar que creía lo que le contaban los españoles, e incluso decidió tratar a Cristóbal y su tripulación con cortesía. Cristóbal, que no tardó en comprender lo que sucedía, pensó también que lo mejor era seguirle el juego al gobernador, y se sumó al fingimiento. Los portugueses incluso les entregaron provisiones para que pudieran completar la última etapa de su viaje de regreso a España. Cuando regresaron al barco los cautivos, estos le informaron de que el rumor en la isla era que el rey de Portugal había ordenado a todos sus súbditos apresar a Cristóbal si se presentaba en sus dominios. Como es natural, se sintió aliviado ante el giro que habían dado los acontecimientos.

Al amanecer del 24 de febrero, con su bodega generosamente reabastecida y la tripulación completa a bordo, la Niña zarpó para realizar la última etapa del regreso a España. Durante la escala en las Azores no habían tenido noticias acerca de la Pinta. Hasta donde ellos sabían, no había fondeado en ninguna de las islas del archipiélago. Cristóbal pensó que seguramente se había hundido durante la tormenta que había separado a ambas carabelas.

A medida que la isla de Santa María se perdía de vista en el horizonte, las esperanzas de todos estaban puestas en que los últimos mil novecientos kilómetros de su viaje transcurrieran sin incidentes. Pero no fue así. Los problemas parecían perseguirlos y la Niña se metió en medio de otra gran tormenta. La noche del 2 de marzo, vientos huracanados sacudieron el barco, destrozando las velas y rompiendo los mástiles. Cuando amainó la tempestad, se encontraron con que las corrientes llevaban a la Niña hacia la desembocadura del río Tajo, en la costa de Portugal. A Cristóbal no le quedó otro remedio que adentrarse en el río y fondear junto a la playa del Rústelo, cerca de Lisboa, y se preguntó qué haría el rey Juan con su maltrecha tripulación. Como medida de protección, Cristóbal se apresuró a enviar por tierra un mensajero a España, para que los reyes supieran que había llegado. También envió un mensaje al rey de Portugal, en el que le comentaba que corrían rumores insidiosos de que había ordenado prenderlo, y le pedía poder llevar la nave a salvo al puerto de Lisboa, no fuera a ser que alguien creyera esas mentiras y los atacara con el pretexto de estar obedeciendo las órdenes del rey.

Aquella estratagema funcionó a la perfección. El rey le dio permiso para ir a Lisboa y se mostró muy amable, comunicándole que se alegraba mucho de que la Niña hubiera regresado sana y salva tras haber atravesado la Mar Océana.

Poco después de llegar a la capital portuguesa, Cristóbal, Vicente Yáñez Pinzón, que era el capitán de la Niña, y tres de los indios que habían viajado con ellos se dirigieron a un monasterio cercano, lugar de descanso del rey Juan y donde los recibiría en audiencia. El rey de Portugal dio una calurosa bienvenida a Cristóbal y escuchó con educado interés la descripción que este le hizo de las islas que había descubierto en las Indias. Cristóbal pudo leer en su rostro cuán arrepentido estaba de no haberle creído y sufragado la expedición. En el transcurso de la conversación, el rey pronunció unas palabras que hicieron a Cristóbal temer lo peor.

—Sin embargo, Almirante, conforme a mi pacto con los reyes de España, no hay duda de que yo soy el legítimo dueño de las tierras que habéis descubierto.

—Majestad, yo no sé nada de ese pacto —contestó con humildad Cristóbal—. Lo que sí sé es que, antes de partir, los reyes de España me ordenaron con toda severidad que no me adentrase en los territorios africanos de Portugal, orden que he cumplido al pie de la letra.

Cristóbal no sabía qué más decir al rey y temió que los arrestaran a todos en ese mismo momento. Entonces, uno de los consejeros del rey tomó la palabra:

—Deberíais hacer matar a este hombre. ¿Cómo se atreve a venir aquí presumiendo de las nuevas tierras que ha descubierto para la corona española? Deshágase su majestad de él y de su tripulación, y los españoles nunca se enterarán de que ha regresado.

Cristóbal contuvo la respiración mientras esperaba la respuesta del rey. Esto era lo que él tanto había temido que sucediera.

—No. La responsabilidad de haber dejado pasar esta oportunidad es solo mía. Tendremos que buscar otra forma de remediarlo —replicó el rey Juan.

Cristóbal dejó escapar un suspiro de alivio. Acababa de salvar la vida. El rey Juan era un hombre temeroso de Dios y, aún en su propio perjuicio, no había querido implicarse en un comportamiento tan turbio.

Pasado aquel momento de tensión, Cristóbal y el rey conversaron largamente. El monarca le hizo muchas más preguntas sobre el viaje y él procuró responderlas con la mayor sinceridad posible, excepto a las que se referían al lugar exacto en el que había encontrado las Indias; eso era algo que sólo revelaría a los monarcas españoles.

Fueron necesarios ocho días para reparar los daños en la Niña y, cuando llegaron a su fin, otra preocupación se apoderó de Cristóbal. ¿Y si la Pinta no se había hundido? ¿Y si había sobrevivido a la tormenta y arribado a un puerto español? ¿Esperaría Martín Alonso Pinzón a que apareciera la Niña, o buscaría una audiencia inmediata con Isabel y Fernando? Cristóbal conocía la respuesta a la última pregunta. Martín era un hombre vanidoso, y no desperdiciaría la oportunidad de adelantarse a dar la noticia a sus majestades del descubrimiento del camino occidental a las Indias. Ese fue uno de los motivos por los que, nada más llegar a Europa, Cristóbal se había apresurado a enviar por tierra a un mensajero con una copia de su informe oficial a la corte real española, explicando dónde se encontraba y anunciando su intención de dirigirse a España tan rápido como pudiera.

El 13 de marzo, la Niña zarpó de nuevo rumbo a casa y al alba del día siguiente, cuando salió de su camarote, Cristóbal comprobó que se encontraban cerca de la playa de Lagos, adonde había llegado nadando diecisiete años antes, tras el ataque pirata que había hundido el barco en el que navegaba. Entonces había rezado para que aquel naufragio no supusiera el final de su carrera como marino. Ahora, en cambio, regresaba a casa tras haber alcanzado Asia navegando hacia el oeste.

Dos días después, la Niña subía por la desembocadura del río Tinto. A mediodía del 15 de marzo de 1493, Cristóbal entró en el puerto de Palos y ordenó echar el ancla. Habían pasado siete meses y once días desde que la empresa de las Indias partiera de este puerto, y el corazón de Cristóbal rebosaba de alivio y gratitud por haber regresado sano y salvo a suelo español. Henchido de orgullo, Cristóbal hizo una última anotación en su diario:

> En cuanto a este viaje, he observado que la voluntad de Dios se ha manifestado milagrosamente, tanto durante el trayecto como para mí, que durante tanto tiempo estuve en la corte de Vuestras Altezas con la oposición y contra la opinión de tantas personas de vuestra casa, que estaban todas en mi contra, diciendo que esta empresa, que espero en Nuestro Señor sea para mayor gloria de la cristiandad, era una gran locura.

En Palos, Cristóbal fue aclamado como un héroe victorioso y sus habitantes le contaron que todos habían perdido la esperanza de verlos regresar.

Aquella tarde, para asombro de Cristóbal, la Pinta arribó también al puerto. Sorprendentemente, la carabela no se había hundido en medio de la tempestad. No tardó en enterarse de lo ocurrido: la tormenta había empujado a la Pinta hacia el norte, permitiéndola evitar las Azores y atracar en Bayona, cerca de Vigo, en el norte de España. Martín explicó a Cristóbal que, pensando que la Niña se había hundido en la tormenta, había creído su deber informar a los reyes de los grandes descubrimientos que la expedición había hecho en las Indias. Por eso había enviado un mensaje por tierra a Barcelona, donde se encontraba por entonces la corte. En el mensaje, anunciaba su llegada a España y solicitaba una audiencia inmediata a Fernando e Isabel, para darles la gran noticia. Pero los reyes le habían comunicado que ya habían recibido un despacho de Cristóbal desde Lisboa, y que preferían esperar a que la Niña llegara a España para ser informados directamente por él de los pormenores de la expedición.

A Cristóbal le encantó la respuesta de los reyes y, al día siguiente, les envió un correo a Barcelona con una copia de su informe. También envió una copia a Córdoba, para que Beatriz, Diego y Hernando supieran que había regresado sano y salvo.

Mientras esperaba la respuesta de la corte, Cristóbal cumplió el voto realizado en medio de la tormenta en la Mar Océana, se dirigió como peregrino al santuario de Nuestra Señora de la Cinta, en Huelva, y al monasterio de Santa Clara, en Moguer, cerca de Palos. También fue a visitar a los frailes de La Rábida y pasó varios días con ellos.

Cristóbal también dedicó mucho tiempo a pensar en la mejor manera de administrar las islas que había descubierto en las Indias. Antes de partir del fuerte Navidad, había creído que lo mejor era limitarse a fundar puestos comerciales, pero ahora tenía dudas al respecto. Decidió que La Española debía ser colonizada.

Para ello, propuso el envío de dos mil colonos españoles que construyeran una ciudad, a cambio del permiso para comerciar con el oro de los indios del interior de la isla. Ese oro se entregaría a un funcionario para que lo fundiera, y de él se detraería el quinto de los reyes y su décimo, así como un impuesto para la Iglesia. Cristóbal propuso también instituir períodos regulares durante los que no se pudiera comerciar con oro ni buscarlo, obligando a los colonos a dedicar tiem po a plantar y cuidar los cultivos necesarios para su sustento. Además, pensó que debían enviarse muchos sacerdotes a las islas, para convertir a los nativos al cristianismo y transformarlos en súbditos productivos de los monarcas españoles.

Pasado un tiempo, Cristóbal recibió la noticia del fallecimiento de Martín Alonso Pinzón tres semanas después de haber llegado a Palos. Al parecer, el viaje de vuelta lo había dejado exhausto. Un día se fue a dormir y ya no se despertó. Cristóbal no lamentó mucho su muerte; no olvidaba las frustraciones y problemas que el capitán de la Pinta le había causado durante el viaje a las Indias.

El 7 de abril, Cristóbal recibió de los reyes la invitación que esperaba. Iba dirigida a «Don Cristóbal Colón, nuestro Almirante de la Mar Océana, Virrey y Gobernador de las Islas que ha descubierto en las Indias». En ella se reconocía la satisfacción de Isabel y Fernando por la reciente hazaña de Cristóbal y se le ordenaba dirigirse a la corte real de Barcelona lo antes posible, para tener una audiencia con ellos. Los reyes también señalaban: «Es nuestro deseo que lo que has comenzado con la ayuda de Dios sea continuado y progrese, y deseamos proporcionarte rápidamente todo lo que necesites para volver, con la ayuda de Dios, a las tierras que has descubierto».

Cristóbal estaba doblemente encantado. El rey y la reina no sólo iban a recibirlo en audiencia para otorgarle oficialmente todos los títulos y recompensas que le habían prometido si regresaba sano y salvo, sino que también querían financiar y apoyar otro viaje a las Indias.

Antes de partir hacia Barcelona, Cristóbal compró varios conjuntos de ropa nuevos, acordes con su nuevo rango y estatus en España. También se hizo acompañar de algunos de sus oficiales, así como de los seis indios de la isla de San Salvador. Junto a la comitiva viajaron varios sirvientes, ayudantes de cámara, dos trompeteros y un grupo de soldados. Cristóbal los organizó a todos en una gran procesión. Los indios llevaban sus vestimentas nativas, que consistían principalmente en plumas y adornos realizados en oro y espinas de pescado. Los oficiales iban vestidos con túnicas nuevas, y Cristóbal llevaba botas de cuero negro, una capa de terciopelo del mismo color y una gorra, también de terciopelo, adornada con plumas de papagayo. También transportaban jaulas con papagayos de vivos colores, un cocodrilo disecado, lanzas nativas, cuyas puntas estaban hechas con dientes de pescado, máscaras decoradas con oro, así como diferentes joyas nativas, varias pepitas de oro y una hamaca. Cristóbal sonreía mientras cabalgaba en su corcel blanco; se trataba de una procesión impresionante, y él era el centro de todas las miradas.

Hicieron su primera parada en Córdoba, donde Cristóbal visitó a Beatriz, Diego y Hernando. Fue un reencuentro alegre, y Cristóbal se deleitó mostrando a sus hijos muchos de los objetos que había traído de las Indias, y contándoles emocionantes historias de sus aventuras al otro lado del mar.

Cuando reanudaron la marcha, Cristóbal decidió que sus dos hijos lo acompañaran durante los casi novecientos kilómetros que separaban Córdoba de Barcelona. Cada vez que pasaban por una ciudad o un pueblo, la gente salía de sus casas para verlos con admiración. Cristóbal no cabía en sí de gozo al ver que la gente lo señalaba y se inclinaba en señal de respeto. Algunas personas incluso se unían a la procesión y caminaban con ellos hasta la siguiente ciudad o pueblo. La comitiva no tardó en adquirir el aspecto de un carnaval ambulante, algo nunca visto anteriormente en España. La gente se mostraba especialmente interesada en ver el cocodrilo, con sus mortales fauces. Además, cada vez que pasaban por una iglesia, Cristóbal se detenía a rezar ante el altar.

Finalmente, la comitiva llegó a Barcelona y, el 20 de marzo de 1493, Cristóbal Colón fue escoltado hasta el gran salón donde los soberanos celebraban la corte. Su porte erguido mientras caminaba hasta el salón del trono era significativo. Esta vez no se presentaba ante los reyes para pedir humildemente dinero y apoyo para su empresa, sino como un héroe que venía de triunfar; el hombre que había cruzado la Mar Océana y encontrado las Indias. Isabel y Fernando se pusieron en pie para recibirlo, pero cuando Cristóbal se acercó a los reyes se arrodilló ante ellos, y besó primero la mano del rey y después la de la reina.

—Puedes ponerte en pie —dijo Isabel.

En cuanto se incorporó Cristóbal, la reina le señaló la silla situada a su derecha, el asiento de honor, indicándole que se sentara en él. Cristóbal sonrió mientras lo hacía.

Una vez que Fernando e Isabel le hubieron felicitado por el maravilloso éxito de su empresa de Indias, Cristóbal ordenó pasar a los seis indios para presentárselos al rey y a la reina. Luego entraron los oficiales que habían hecho el viaje a Barcelona con

Cristóbal. Una vez cumplidas estas formalidades, fueron presentados a sus majestades los loros, el cocodrilo disecado, la hamaca y los demás artefactos y joyas de las Indias.

A continuación, el rey y la reina hicieron a Cristóbal numerosas preguntas sobre las islas que había descubierto. La mayoría de ellas se referían a los objetos que acababan de ver y a la vida cotidiana y el estado religioso de los indios que vivían en aquel lugar. Fernando se interesó especialmente en el suministro de oro y en cómo podía España ejercer su control sobre las islas y sus habitantes. Cristóbal hizo todo lo posible por responder a sus dudas de la forma más completa posible.

Al final de la audiencia, Fernando se puso en pie y leyó varias cartas de nobleza que conferían formalmente a Cristóbal todos los títulos, rangos y recompensas que se le habían prometido en caso de tener éxito. También concedió a Cristóbal el uso de un escudo de armas.

Justo antes de que terminara la audiencia con sus majestades, todos se dirigieron a la capilla real, donde cantaron un *Te Deum*.[1] Al entonar la última línea, «Oh, Señor, en ti he confiado, que nunca sea avergonzado», Cristóbal no pudo contener las lágrimas. Agradecer a Dios lo mucho que los había bendecido a todos parecía un final apropiado para el primer viaje.

Cristóbal salió de su entrevista con el rey y la reina rebosante de gratitud por cómo lo había elevado Dios a un rango tan importante. Hijo de un pobre tejedor genovés, lo había arriesgado todo y, gracias a ello, había ascendido a la cúspide de la sociedad española. Aunque costara creerlo, ahora era Don Cristóbal

1 Te Deum; (Tedeum). Himno litúrgico solemne de acción de gracias de la Iglesia católica.

Colón, Almirante de la Mar Océana, Virrey y Gobernador de las Islas que había descubierto en las Indias, y tenía su propio escudo de armas que designaba su elevada posición social.

En Barcelona ocurrió otra cosa que alegró mucho a Cristóbal: el bautismo de los seis indios que había traído de las Indias. El rey y la reina aceptaron ser sus padrinos y uno fue bautizado como «Fernando de Aragón», otro como «Don Diego», otro como «Don Juan de Castilla» y así sucesivamente, hasta que los seis fueron rociados con agua bendita y recibieron nombres españoles. Cristóbal esperaba y rezaba para que estos nativos fueran solo los primeros de un gran número que abrazara el cristianismo y se bautizara. Para que aquello pudiera concretarse, decidió que era prioritario llevar consigo a un buen número de sacerdotes en su próximo viaje a las Indias. Estos se dirigirían al interior de La Española y las demás islas, y podrían convertir a los nativos.

Aún en la ciudad, Cristóbal escribió a su hermano Bartolomé, que por entonces servía en la corte real de Francia. En su carta, lo invitaba a formar parte de la tripulación del segundo viaje a las Indias. También escribió a su hermano menor, Giácomo, que seguía siendo tejedor en el negocio familiar en Génova, invitándolo a venir a España y acompañarlo también en su siguiente travesía.

Cristóbal permaneció en Barcelona varias semanas, período que utilizó para conocer a las personas más importantes de la ciudad y compartir con ellas durante horas historias acerca de las Indias. También aprovechó para negociar con la corte real los objetivos de su segundo viaje por la Mar Océana. Fernando e Isabel aceptaron el plan de Cristóbal de establecer una colonia comercial en La Española. Sin embargo, los reyes le advirtieron que debía asegurarse de que los nativos de la isla fueran tratados con respeto. La reina Isabel había redactado dieciséis órdenes en las que se le requería hacer todo lo posible por convertirlos al cristianismo. Entre otras cosas, debía enseñarles español, para que así pudieran entender las explicaciones de los misioneros. También ordenaba:

> ...tratar a dichos indios muy bien y con cariño, y abstenerse de hacerles ningún daño, para que ambos pueblos conversen e intimen, y se sirvan los unos a los otros en todo lo que puedan.

Con ese fin, los soberanos ordenaron escoger a seis sacerdotes que lo acompañaran en la expedición. Además, encargaron a Cristóbal que, si llegaba a su conocimiento algún maltrato a los nativos, en virtud de su autoridad como virrey de las Indias, castigara con severidad a los responsables. Por último, no solo debía encargarse de fundar una colonia comercial, sino seguir explorando la costa de Colba (Cuba) para descubrir si formaba parte de la tierra firme de Asia, y conducir entonces a los españoles a las ciudades de oro de Catay.

Aunque como capitán general de la armada era el responsable de la expedición, Cristóbal tenía otros asuntos de los que ocuparse. Así que designó a don Juan de Fonseca, arcediano[2] de Sevilla y amigo suyo, para que fuera a Cádiz y organizara la flota que emprendería el viaje.

El asunto más crucial por resolver antes de iniciar la siguiente expedición a las Indias era la demarcación de una línea de norte a sur que dividiera la Mar Océana entre las dos naciones ibéricas. Todas las tierras

2 Arcediano: En lo antiguo, el primero o principal de los diáconos. Juez ordinario que ejercía jurisdicción delegada de la episcopal en determinado territorio, y que más tarde pasó a formar parte del cabildo catedral.

descubiertas al este de esa línea serían propiedad de Portugal, y las que se descubrieran al oeste pertenecerían a España. Cristóbal sugirió que la línea se fijara a lo largo del meridiano situado a cien leguas al oeste de las Azores, porque era allí donde había notado un cambio de condiciones en el viaje de ida a las Indias. Se trataba de la región donde se intensificaban los vientos que soplaban hacia el oeste, el punto a partir del cual un navegante dejaba atrás Europa.

La decisión final sobre dónde debía trazarse la línea en el mapa se dejó en manos del Papa. Finalmente, el 4 de mayo de 1493, este emitió una bula anunciando su decisión. Se mostraba de acuerdo con la posición española y fijaba la línea de demarcación a cien leguas al oeste de las Azores.

Cristóbal quedó satisfecho con aquella decisión. Ahora podría concentrarse en organizar la nueva expedición. Sin embargo, pronto se enteró de que el rey Juan de Portugal estaba indignado y había apelado al Papa para que este reconsiderara su dictamen, y desplazara la línea mucho más al oeste. Cristóbal no lo creyó probable. Al fin y al cabo, el Papa le debía su cargo al apoyo de Isabel y Fernando.

Cuando se encontraba en la fase final de los preparativos del viaje y estaba a punto de partir hacia Cádiz, recibió la alegre noticia de que su hermano Giácomo había llegado a Barcelona para unirse a él. Ambos hermanos disfrutaron de un cálido reencuentro, y Cristóbal le confesó su decepción por no haber recibido aún ninguna respuesta de Bartolomé en Francia.

Aún tenía un último asunto que resolver antes de dejar Barcelona: qué hacer con sus dos hijos. La respuesta llegó cuando Diego y Fernando fueron nombrados pajes de la corte real, por lo que se quedarían en Barcelona.

Una vez resueltos todos sus asuntos, Cristóbal, Giácomo —que había decidido adoptar el nombre más español de Diego— y cinco de los seis indios se pusieron en marcha hacia Cádiz, donde se estaba concentrando la nueva flota. Isabel había dado completa libertad a los indios, que podían regresar a casa si querían. Cinco de ellos prefirieron volver. El sexto indio, bautizado como Don Juan de Castilla, decidió quedarse y servir en la corte real.

A principios de julio, Cristóbal llegó a Cádiz, ciudad costera situada a cien kilómetros de Palos. El espectáculo que le esperaba en el puerto era realmente espectacular. Cristóbal tuvo que admitir que el trabajo de organización del próximo viaje a las Indias que había realizado Juan de Fonseca había sido excelente. Encontró diecisiete naves fondeadas en el puerto y más de mil doscientos marineros, soldados y colonos listos para zarpar. Fonseca le informó que no habían tenido dificultad para encontrar hombres que quisieran enrolarse. Cristóbal no pudo evitar contrastar esto con lo ocurrido antes del primer viaje, cuando Martín Alonso Pinzón había tenido que utilizar toda su influencia y dotes de persuasión para completar las tripulaciones. De Fonseca también informó que había comprado todas las semillas, plantas, utensilios, herramientas, ganado y otros artículos necesarios para fundar una colonia. Asimismo, se ocupó de adquirir las provisiones para el viaje. La carne de cerdo y de vacuno se encurtió en salmuera antes de almacenarse en las bodegas de las naves. En general, Cristóbal estaba muy satisfecho de cómo avanzaban los preparativos.

Cuando se acercaba el día de la partida, Cristóbal eligió la mayor de las diecisiete naves para que fuera su buque insignia durante el viaje. Consideró un buen presagio que el barco se llamara también

Santa María, como su primera nave capitana. La Niña original había sido reparada y también iba a realizar el viaje. Cristóbal se alegró de ello. Aunque la Niña era pequeña, había comprobado en persona su capacidad para soportar las peores tormentas.

El 25 de septiembre de 1493 amaneció un día claro y luminoso de otoño. Cristóbal llevaba levantado desde antes del alba, supervisando los preparativos de última hora. El viento era débil, pero suficiente, y una vez estuvo seguro de que todo estaba listo, Cristóbal se situó en la cubierta de popa de la Santa María y acompañado de su hermano menor, Diego (Giácomo), ordenó levar anclas. Una vez más, zarpaba para cruzar la Mar Océana. En esta ocasión, sin embargo, Cristóbal no partía hacia lo desconocido. En el fuerte Navidad, compañeros españoles e indios amistosos esperaban su regreso. Cristóbal confiaba en que, con la ayuda de Dios, ya habrían encontrado oro y abundantes riquezas le estarían esperando.

Capítulo 11

De regreso a las Indias

Cristóbal Colón contempló exultante el convoy que se alejaba de Cádiz. Nunca había visto un espectáculo tan espléndido. Sobre su cabeza, formando una línea que se extendía por las cimas de los mástiles, colgaban estandartes de seda con los escudos de los caballeros que iban a bordo de los distintos barcos. El nuevo escudo de Cristóbal ondeaba resplandeciente entre los demás. Los cuarteles superior izquierdo y derecho los ocupaban respectivamente un castillo y un león, símbolos de los reinos de Castilla y de León; en el cuartel inferior izquierdo se veía el contorno de unas islas, que representaban sus descubrimientos; y en el cuartel inferior derecho cinco anclas, que simbolizaban su rango de almirante. Tras su nave, navegaban los demás miembros del convoy. Todos fueron escoltados hacia mar abierta por una flota de galeras de remo venecianas que se encontraban en el puerto. Además, desde tierra llegaba el sonido de los cañones y la música. Fue, sin duda, una despedida digna del almirante de la Mar Océana. Cristóbal disfrutó de cada momento, ajeno a las acrobacias que, sobre él, realizaban los marineros deslizándose por las jarcias para preparar las velas para el viaje hacia las Indias.

Siete días más tarde, la flota atracaba primero en la isla de Gran Canaria y a continuación en la de La Gomera. En cada uno de estos lugares permanecieron solo el tiempo necesario para abastecer las naves. Luego, el 12 de octubre de 1493, un año después del descubrimiento de las Indias, la flota abandonó las Islas Canarias y puso rumbo suroeste. Cristóbal Colón emprendía su segundo viaje a través de la Mar Océana.

Esta vez la travesía resultó casi perfecta. La mar estaba en calma y los marineros eran eficientes y experimentados. El miedo de no poder regresar a España había desaparecido, sustituido por el ansia de tocar tierra en fuerte Navidad. Salvo una tormenta a las dos semanas de zarpar, hizo un tiempo soleado y cálido, y por el día los barcos competían entre sí por adelantarse. En cambio, al llegar la noche, formaban un grupo compacto y permanecían juntos hasta el amanecer.

Cristóbal estaba encantado con el progreso y la planificación del viaje. Se decía a sí mismo que Dios había bendecido la travesía y coronaría sus esfuerzos con una gran cantidad de oro y joyas preciosas. Incluso cerca ya de las Indias, Cristóbal no dejaba de pensar en cómo sería su gran regreso triunfal a España.

El domingo 3 de noviembre, sólo veintiún días después de zarpar de las Islas Canarias, el grito de *¡Tierra! ¡Tierra!* se elevó de barco en barco. Las tripulaciones se agolparon inmediatamente en cubierta y Cristóbal dirigió a sus hombres en un coro de himnos y oraciones, para dar gracias a Dios por un viaje tan corto y seguro.

Cuando el sol se elevó en el cielo, una enorme masa de tierra tomó forma en el horizonte. Cristóbal la llamó inmediatamente Dominica, por la palabra latina que significa domingo. Cristóbal oteó la costa de la isla, pero al no ver ningún puerto, ordenó a los barcos seguir adelante.

Dedujo que, durante la travesía, el viento los había llevado al sur de La Española. Ajustó el rumbo y ordenó virar al noroeste. Poco después, llegaron a una isla llana a la que Cristóbal llamó Santa María Galante, en honor al robusto buque insignia que le había llevado sano y salvo a través del océano. Cerca de allí encontraron un pequeño archipiélago a cuyas islas llamó Todos Los Santos, por haber celebrado el día de Todos los Santos en la mar. A sotavento[1] de Santa María Galante, Cristóbal decidió echar el ancla. Cuando todos los barcos estaban anclados, ordenó que le condujeran a remo hasta la orilla para poder plantar el estandarte real y tomar formalmente posesión de la isla en nombre de España. Tras hacerlo, echó un rápido vistazo a la playa y, sin ver nada de valor, volvió a embarcar en la Santa María y se pusieron en marcha de nuevo.

La siguiente isla que encontraron era mucho más grande. Cristóbal la llamó Santa María de Guadalupe, en honor a uno de sus santuarios favoritos, y de nuevo tomó posesión de ella en nombre de los reyes de España. Guadalupe era la isla más hermosa que Cristóbal había encontrado hasta entonces, por su imponente volcán y su cascada plateada. Muchos de los tripulantes desembarcaron en ella, y Cristóbal dio permiso a uno de sus oficiales, Diego Marques, para internarse un buen trecho acompañado de algunos marineros y averiguar si había en ella algo de interés.

---

1 Sotavento: La parte opuesta a aquella de donde viene el viento con respecto a un punto o lugar determinado.

No tardaría en lamentar su decisión. Al caer la noche, sus hombres aún no habían vuelto. En su anterior viaje, los nativos de La Española le habían advertido de la existencia de una tribu de indios caribes devoradores de hombres. Cristóbal empezaba a temer que aquella fuera su isla. En cuanto se hizo de día, reunió a doscientos voluntarios en cuatro grupos de búsqueda y los envió a localizar al grupo de Marques. Volvieron esa noche con las manos vacías, y lo mismo ocurrió al día siguiente. Justo cuando se debatía sobre qué hacer a continuación, uno de los grupos de búsqueda logró al fin encontrar a Marques y sus hombres. Volvieron a la playa en silencio y con los ojos muy abiertos, acompañados por una multitud de jóvenes indios. Cristóbal se llevó a Diego a un lado para averiguar qué les había pasado.

Lo que escuchó a continuación confirmó sus peores pesadillas. Diego le informó de que la selva del interior de la isla era más frondosa y densa que cualquier otra que sus hombres hubieran visto jamás. Pronto se encontraron irremediablemente perdidos y desorientados, y empezaron a vagar en círculos. Mientras caminaban de un lado a otro hicieron un descubrimiento escalofriante. Llegaron a una aldea que claramente había sido abandonada a toda prisa. Diego supuso que sus habitantes habían detectado su presencia y, al no haber visto nunca a un hombre blanco, habían huido despavoridos. Mientras recorrían la aldea desierta, encontraron en el interior de las chozas de los nativos miembros humanos cocidos, así como pedazos de carne humana a medio comer. Después oyeron unos gemidos y siguiendo el sonido descubrieron a dos niños encerrados como animales, a los que engordaban para ser degustados en un próximo festín. También encontraron en la aldea a doce niñas capturadas y convertidas en esclavas.

Tanto los hombres como los dos niños nativos y las doce niñas fueron llevados a remo hasta los barcos. Una vez que todos estuvieron a salvo, Cristóbal llamó a uno de los nativos que habían decidido regresar con él a las Indias desde España, para utilizarlo como intérprete. Cristóbal supo entonces que los niños eran indios taínos, que habían sido capturados y secuestrados cuando los indios caribes asaltaron su pueblo, situado en La Española. Cristóbal decidió devolver a los niños a su isla natal.

Desde la isla de Santa María de Guadalupe, los barcos siguieron navegando y descubriendo islas, que Cristóbal nombró y reclamó en nombre de los reyes de España. Cuando llegaron a una isla en particular, uno de los nativos que estaban a bordo informó a Cristóbal de que la isla se llamaba Ayay. A diferencia de la mayoría de las que habían encontrado hasta entonces, esta no estaba cubierta de una vegetación densa y tropical. En lugar de ello, gran parte de su superficie había sido desbrozada y convertida en cultivos, de modo que desde la costa se extendían largos y frondosos jardines. Cristóbal decidió rebautizarla con el nombre de Santa Cruz y la reclamó para España.

Tras navegar un trecho a lo largo de la costa de la isla de Santa Cruz, los barcos llegaron a la desembocadura de un río. Allí encontraron una pequeña aldea caribe con un gran huerto. Cristóbal ordenó a los barcos que se acercaran y echaran el ancla, y decidió enviar a un grupo de hombres a tierra para investigar. La isla estaba rodeada por un arrecife y, aunque había un canal, no era lo suficientemente grande como para permitir el paso de los barcos, así que anclaron en el lado exterior.

Cristóbal eligió a veinticinco de sus mejores hombres y tras asegurarse de que estuvieran bien armados, los envió a tierra para entrar en contacto con los habitantes de la aldea. Desde su posición en el castillo de popa de la Santa María, Cristóbal pudo ver cómo los caribes huían de su poblado al comprobar que un batel lleno de hombres blancos se dirigía hacia ellos. Los españoles arrastraron la embarcación hasta la orilla y, mientras cuatro de ellos la vigilaban, los demás se dedicaron a recorrer el poblado. Tras media hora en tierra, los hombres partieron en su batel para reunirse con la flota.

Sin embargo, cuando el bote atravesaba la brecha en el arrecife, una piragua con cuatro hombres y dos mujeres caribes avanzó hacia los españoles. Al acercarse, los caribes sacaron sus arcos y flechas y comenzaron a disparar contra los marineros. Cristóbal observó impotente cómo uno de ellos era alcanzado en la espalda por una flecha y caía muerto hacia delante, mientras otro recibía un flechazo en el costado y quedaba malherido. Rápidamente, los españoles invirtieron la dirección de la lancha y embistieron a la canoa, enviando a los caribes al agua.

Antes de que los marineros pudieran capturar a sus atacantes, los indios nadaron hasta una roca cercana y lanzaron contra el batel otra andanada de flechas. Esta vez los españoles apuntaron con sus ballestas a los indios y les devolvieron los disparos. Los caribes consiguieron esquivar muchas de sus flechas y siguieron contraatacando. Finalmente, una flecha alcanzó a uno de los caribes en el abdomen, pero el indio siguió luchando. Cristóbal apenas podía creer la ferocidad con la que combatían aquellos indígenas. Vio cómo el indio que había sido alcanzado en el abdomen saltaba al agua y comenzaba a nadar hacia la orilla. El hombre casi había conseguido escapar cuando el dardo de una ballesta española le alcanzó en la espalda logrando matarlo.

Como los españoles del batel superaban en número a los caribes en una proporción de cuatro a uno y estaban mejor armados, pudieron al fin someter a sus atacantes y tomarlos cautivos. Los ataron de pies y manos y los llevaron a los barcos, donde los dejaron encadenados bajo cubierta.

Cuando la flota se preparaba para zarpar, un numeroso grupo de caribes, con la cara y el cuerpo pintados, irrumpió en la orilla, buscando venganza contra los españoles. Pero poco podían hacer, ya que no tenían armas lo suficientemente potentes como para que sus flechas y otros proyectiles alcanzaran los barcos.

Desde Santa Cruz, Cristóbal trazó un rumbo más directo hacia el oeste. Tras descubrir y dar nombre a más islas, el 22 de noviembre apareció en el horizonte una larga franja de costa. Cuando estuvieron cerca, Cristóbal la reconoció. Era la costa de La Española. Por fin lo había conseguido. Estaba de vuelta en la gran y hermosa isla que había descubierto en su anterior viaje. Cristóbal estaba ansioso por llegar a fuerte Navidad y reunirse con los cuarenta hombres que se habían quedado allí once meses antes.

Caía la oscuridad cuando la flota llegó al paso que conducía a la bahía de Caracol y al fuerte Navidad. A pesar de su ansia por llegar al asentamiento, Cristóbal no quería repetir los acontecimientos de la Nochebuena anterior, cuando la Santa María naufragó en los afilados arrecifes de coral. Así que decidió anclar para pasar la noche y solo adentrarse en la bahía con la ayuda de la luz del día. No obstante, ordenó que se encendieran bengalas y que el artillero disparara varios cañonazos, para que los habitantes del fuerte pudieran saber que habían regresado.

Cristóbal se sorprendió mucho al no recibir ninguna respuesta de la guarnición española. Lo normal era que hubieran disparado algunas salvas para saludar la llegada de la flota. Además, no podía explicarse porque nadie se acercaba a remo a los barcos para darles la bienvenida. Pasaron las horas y siguió sin haber respuesta. Finalmente, a medianoche, una canoa se acercó a la nave capitana. Cuando estuvo cerca del barco, unos indios que iban en ella comenzaron a dar voces:

—¡Almirante! ¡Almirante!

Cristóbal corrió hacia el costado del barco y, al ver que era él, los indios parecieron soltar un suspiro de alivio. Pronto estaban sobre la cubierta de la Santa María sosteniendo varios regalos. Cristóbal hizo un gesto a uno de los indios que habían regresado con él de España, y que al bautizarse en Barcelona había tomado el nombre de Diego Colón, para que se acercara e hiciera de intérprete.

A través de Diego, los indios le explicaron que traían regalos para el almirante de parte de Guacanagari y le aseguraron que los españoles del fuerte Navidad se encontraban bien, a excepción de algunos que habían muerto. Cristóbal les agradeció los regalos y la información, aunque le pareció extraño que hubieran remado hasta el barco para darle aquella noticia y traerle regalos en mitad de la noche. Desconcertado por esto, Cristóbal dejó a Diego a solas con ellos para ver si este podía extraer más información sobre la situación de la guarnición del fuerte Navidad. ¿En qué circunstancias habían muerto algunos de ellos? ¿Habían descubierto de dónde provenía el oro que había en la isla?

Cristóbal observó desde el castillo de popa cómo los indios, que en un principio parecían reacios a hablar, comenzaban a conversar con Diego. Una hora después los indios seguían hablando con el intérprete. Al cabo de otra hora, un Diego Colón de rostro sombrío se acercó a Cristóbal.

—¿Qué has averiguado? —preguntó Cristóbal.

—Nada bueno, almirante, nada bueno —respondió Diego.

A Cristóbal se le hizo un nudo en el estómago.

—¿A qué te refieres con nada bueno? —preguntó con ansiedad.

Diego comenzó a relatarle la historia que los indios le habían contado. Según los indios, los españoles del fuerte Navidad no estaban dispuestos a trabajar. No querían desbrozar la tierra para plantar cultivos, ni tampoco explotar minas o buscar oro. En cambio, exigían que los indios les dieran el oro, comida y mujeres. Cuando los indios no pudieron suministrar todo lo que los españoles exigían, estos formaron pequeñas partidas de asalto y empezaron a atacar y saquear los pueblos de la isla, llevándose toda la comida y el oro que podían encontrar, así como a hombres, mujeres y niños, para que les sirvieran de esclavos. Una de las partidas de asalto atacó una aldea que estaba bajo el control de Caonabó, el poderoso cacique de la región de Maguana, en el centro de La Española. Indignado por el ataque, Caonabó decidió poner fin a las molestas acciones de los españoles en la isla. Reunió a un gran grupo de guerreros y atacó el fuerte, matando a todos los hombres blancos que encontró allí. A continuación, envió guerreros para localizar y matar a todos los demás españoles que recorrían la isla asaltando otras aldeas.

Según explicó Diego, Guacanagari había querido proteger a los españoles, pero en comparación con

Caonabó era un cacique débil y no podía hacer mucho para detener la matanza. De hecho, Caonabó había matado a varios de los súbditos de Guacanagari en una pequeña aldea cercana a Navidad, porque sospechaba que estaban cooperando con los españoles, y él mismo había resultado herido en una pierna. Por eso Guacanagari había enviado regalos a Cristóbal. Esperaba calmar la ira de Cristóbal contra él, por no haber impedido la matanza.

Cristóbal apenas podía creer lo que estaba oyendo.

—¿Me estás diciendo que todos han muerto? —murmuró.

Diego asintió en silencio.

Con las primeras luces del día, Cristóbal hizo que lo llevaran hasta la orilla. Lo que encontró en fuerte Navidad confirmó el horrible relato de los acontecimientos que había escuchado la noche anterior. La mayor parte del fuerte estaba quemado hasta los cimientos. En su parte trasera, detrás de un trozo de empalizada aún en pie, hecho con los maderos del naufragio de la Santa María, Cristóbal encontró once cuerpos muy descompuestos. Al inspeccionarlos de cerca, pudo ver que la mayoría de los cráneos estaban fracturados, lo que indicaba que habían sido golpeados hasta la muerte. Por más que lo intentó, Cristóbal no pudo contener las lágrimas al ver tamaña carnicería. Había albergado la esperanza de que el fuerte se convirtiera en un importante puesto comercial de España en la costa norte de La Española. Pero, en lugar de ello, se había transformado en un cementerio.

Entre los fallecidos, estaba Diego de Arana, el primo de Beatriz, a quien había encargado el mando de la guarnición. Según Guacanagari, aquella matanza había sido de algún modo provocada por el mal comportamiento de los españoles. ¿Se habría equivocado al confiar la misión a su pariente? Resultaba extraño que el propio Guacanagari aún no se hubiera presentado ante él. Según los indios, se encontraba convaleciente en su choza, debido a la herida que había recibido en su intento de defender a los españoles. Cristóbal decidió entonces llamar al doctor Álvarez Chanca, el médico de la expedición, para ordenarle ir, acompañado de unos soldados, a examinar la herida del jefe indio. A su regreso, el doctor no trajo buenas noticias.

—Decidme, ¿qué habéis averiguado? —preguntó Cristóbal al ver su rostro sombrío.

—Me temo que han engañado a vuesa merced —respondió el doctor Chanca—. Al llegar a la aldea, nos dijeron que Guacanagari no podía recibirnos, pues se encontraba demasiado enfermo. Luego accedieron a que entrara yo solo en la oscura choza donde, supuestamente, convalecía a causa de su pierna herida.

—¿Y qué visteis? —insistió el almirante, ansioso por conocer el desenlace de la historia.

—Nada, señor, absolutamente nada. La choza estaba tan oscura que era imposible examinarlo. Pero gracias a los soldados le obligué a salir de la choza —dijo Chanca—, y os aseguro que sus dos piernas están tan sanas como las vuestras. Os ha mentido.

A Cristóbal se le hizo evidente que jamás lograría saber qué había ocurrido con los hombres del fuerte. Sintió la tentación de escarmentar públicamente a Guacanagari, pero pensó que solo lograría hacerse nuevos enemigos. Así que, contra el consejo de algunos de los españoles, decidió pasar el incidente por alto, lo que provocó un gran disgusto en muchos de ellos.

Además, el descubrimiento de los cadáveres había hecho que la moral de la tripulación y los colonos que viajaban a bordo de los barcos de la flota cayera en picado. Muchos empezaron a preguntarse si Cristóbal les había engañado para que se apuntaran al viaje. Al fin y al cabo, argumentaban, aún no habían visto ningún oro y los nativos no eran tan amistosos como el almirante los había pintado.

Al darse cuenta de que la situación se deterioraba rápidamente, Cristóbal decidió que lo mejor era buscar un nuevo emplazamiento para la colonia, y empezar a trabajar en él lo antes posible. Zarpó hacia el este, de regreso por la costa de La Española y, después de luchar contra fuertes vientos de proa durante veinticinco días y recorrer solo cincuenta kilómetros, ordenó a los barcos dirigirse hacia una bahía pantanosa, donde todos echaron el ancla. Bautizó el lugar con el nombre de Isabela, en honor a la reina de España, y ordenó iniciar de inmediato los trabajos de construcción de un asentamiento.

En su mente, Cristóbal podía ver calles, una elegante iglesia dedicada a la Virgen María y un palacio para el gobernador, con una amplia plaza delante. Pero la realidad resultó ser algo muy diferente. A la semana de empezar a trabajar en el asentamiento, los hombres empezaron a enfermar de malaria. El propio Cristóbal cayó también enfermo. Se encontraba muy débil, hasta el punto de que pasó tres meses sin hacer ninguna anotación en su diario. Los que no sucumbieron a la enfermedad se quejaban del agotador trabajo físico que suponía fundar una ciudad en una isla tropical. La expedición estaba formada casi en sus dos tercios por ochocientos militares que, ante los informes de Cristóbal sobre la docilidad de los indios, habían sido enviados por España para defender las tierras descubiertas de las pretensiones de otras potencias europeas. Además, viajaron doscientos voluntarios, los únicos que no estaban a sueldo de la corona española, individuos que habían pagado su propio viaje y cuyo objetivo era buscar oro y otras riquezas. Además de que muchos se encontraban debilitados, pasar largas horas cada día cavando zanjas y acarreando piedra de coral ofendía la dignidad de los militares, que no habían ido realizar esa función, y enfurecía a los voluntarios, que no cobraban nada por hacerla. Se enfadaron aún más al ver que los indios les observaban trabajar sin hacer nada. No tardaron en sugerirle a Cristóbal que los reuniera, los esclavizara y los obligara a hacer todo el trabajo.

Al principio Cristóbal se resistió a esta idea y permitió que una partida de exploración saliera en busca de oro. Ordenó al grupo que se dirigiera hacia el interior, donde uno de los caciques le había dicho que había pepitas de oro esparcidas por el suelo. El grupo, formado por una veintena de españoles e igual número de guías indios, no tardó en ponerse en marcha. Cuando regresaron a Isabela, trajeron buenas noticias en forma de tres grandes pepitas de oro, así como la promesa de muchas más en cuanto se pudieran organizar partidas de minería.

El descubrimiento de aquel oro supuso un tremendo alivio para Cristóbal, que se disponía a enviar doce de los barcos de vuelta a España en busca de más suministros. Ahora, además de pedir medicinas, alimentos y ropa para el asentamiento, podía aportar pruebas de que pronto se convertiría en una fuente de ingresos considerable para la corona. Sin embargo, Cristóbal estaba siendo demasiado optimista. El oro que entregaban los indígenas era el fruto acumulado de muchos años de búsqueda y una vez entregado a los españoles no podría reponerse con facilidad.

Junto con el oro y una carta a Fernando e Isabel, Cristóbal envió a España sesenta loros y veintiséis indios caribes que sus hombres habían capturado. Aquello contradecía las órdenes expresas de la reina, que había prohibido esclavizar a los indios, pero las atrocidades cometidas por los caribes contra los nativos de otras islas atenuaron las dudas morales de Cristóbal, que ansiaba que la iglesia los convirtiera y bautizara, para que en el futuro pudieran serle útiles como intérpretes y colaboraran en los esfuerzos de España por extender su dominio a todas las Indias. Por eso, en su carta a los reyes, Cristóbal les pedía permiso para esclavizar a aquella tribu de indios, cuyas costumbres antropófagas horrorizaban a los españoles. Además, para convencer a los reyes del éxito de la empresa, los barcos llevaban también muestras de lo que se suponía eran áloe, almizcle y canela.

Cristóbal no podía sospechar los problemas que le causarían ambos cargamentos, y lo cierto es que tras la partida de los doce barcos hacia España, el 2 de febrero de 1494, al mando de Antonio de Torres, los ánimos parecieron calmarse y los trabajos de construcción de Isabela pudieron continuar.

Sin embargo, la aparente paz no tardó en quebrarse. Bernal de Pisa, tesorero real de la expedición, fue descubierto escribiendo una larga para los reyes con graves acusaciones a Cristóbal. Se trataba de un importante funcionario real y Cristóbal no se atrevió a castigarlo, en lugar de ello lo mandó encerrar en uno de los barcos, a la espera de poder enviarlo de regreso a España.

Tras resolver de momento el problema, un mes después de que hubiera zarpado la flota, Cristóbal se encontró al fin recuperado de la enfermedad y decidió organizar y dirigir un viaje de reconocimiento hacia el interior de la isla. El 12 de marzo de 1494, varios centenares de hombres ataviados con corazas y cascos metálicos se dirigieron hacia el sur de Isabela. Marcharon en formación, acompañados por tamborileros y trompeteros, y portando estandartes. Incluso Cristóbal tuvo que admitir el carácter insólito de aquella marcha que se adentraba en la densa selva tropical.

El grupo cruzó las montañas por un paso y descendió a un amplio valle. Cristóbal quedó profundamente conmovido por su belleza, y lo bautizó con el nombre de Vega Real. En Vega Real, los hombres marcharon entre campos de maíz y árboles de caoba, ébano y algodón de seda. El valle estaba salpicado de pequeñas aldeas nativas, cuyos habitantes ofrecían pequeños paquetes de oro a los españoles.

La expedición prosiguió su marcha, cruzó el río Yaque del Norte en balsas y canoas, y ascendió a una meseta que dominaba un recodo del río Jánico. Allí, bajo la dirección de Pedro Margarit, uno de sus lugartenientes, Cristóbal dejó cincuenta hombres para que construyeran un fuerte de tierra. Los demás se adentraron un poco más en las montañas, donde buscaron oro y recogieron una cantidad razonable del precioso metal. Aunque llovía casi todos los días, el oro parecía distraer a los hombres de las inclemencias del clima.

Al cabo de veintinueve días de marcha, Cristóbal condujo al grupo de regreso a Isabela, dejando a los cincuenta hombres atrás para que cuidaran del fuerte que habían construido y al que habían dado el nombre de Santo Tomás. En cuanto llegó a Isabela, Cristóbal envió a cuatrocientos hombres al mando de Alonso de Ojeda para relevar a Pedro Margarit y sus hombres en Santo Tomás, y para que continuaran explorando la región central de La Española. Antes de que partieran, Cristóbal dio permiso a Ojeda para que a su paso exigiera a los indios la entrega de comida y agua, pero no sin antes recordarle que era deseo expreso de Fernando e Isabel que los nativos fueran tratados con cortesía y respeto, con la esperanza de que se convirtieran en cristianos bautizados.

Cuando partió la expedición, Cristóbal se sintió inquieto. Quería seguir explorando las islas de las Indias. Estaba seguro de que la tierra firme de Catay (China) se encontraba a sólo unos días de navegación, y estaba ansioso por encontrarla. Sin embargo, no estaba seguro de que fuera el momento apropiado para partir. La población de Isabela pasaba hambre y Cristóbal se vio obligado a racionar los alimentos. Finalmente, decidió dejar a su hermano Diego a cargo de Isabela y marchar de nuevo a explorar más al oeste. Para este viaje, Cristóbal utilizó a la Niña como nave capitana, y la hizo acompañar por dos naves más pequeñas, la San Juan y la Cardera. Los tres barcos sumaban en total una tripulación de sesenta hombres, y con la ayuda de Dios, Cristóbal confiaba en que pronto estarían todos en el continente asiático.

Capítulo 12

Problemas en La Española

Las tres carabelas, la Niña, la San Juan y la Cardera, salieron de Isabela el 24 de abril de 1494 y navegaron hacia el oeste por la costa norte de La Española. Cinco días después, cruzaron el Paso de Barlovento, que dividía La Española y Colba (Cuba), y llegaron al Cabo Maisí, el punto más oriental de Colba. Dado que durante su primer viaje a Colba Cristóbal había explorado la costa norte, esta vez decidió recorrer la costa sur.

El 30 de abril, los tres barcos entraron en una gran bahía semicircular a la que Cristóbal llamó Puerto Grande. Junto a la playa de la bahía divisaron un poblado de indios guantánamo. Cristóbal envió un grupo de hombres a tierra para saludarlos y comerciar con ellos. Pero, cuando los indios vieron acercarse a los blancos en su bote, abandonaron el poblado y huyeron a la selva.

Al ver esto desde la carabela, Cristóbal decidió desembarcar para evaluar la situación por sí mismo.

Encontró una enorme cena que los indios habían preparado y que aún se estaba asando en el fuego. La comida consistía en pescado, iguana y jutía (un gran roedor nativo). Diego Colón, el traductor de los indios, logró convencer a los cocineros para que regresaran a terminar de preparar la comida y la compartieran con sus invitados españoles.

Durante el almuerzo, Cristóbal se sentó con el jefe nativo. Se divirtió al ver que sus hombres disfrutaban de la jutía, pero ninguno de ellos quiso tocar la iguana asada. Sin embargo, observó que a los indios guantánamo esto no parecía importarles. Como les gustaba mucho la carne de iguana, que aquellos extranjeros no quisieran probarla hacía que quedara más para ellos.

Tras el festín, Cristóbal se aseguró de agradecer a los indios su hospitalidad entregándoles cascabeles de cetrería y otras baratijas. A la mañana siguiente, con la marea alta, los tres barcos salieron de Puerto Grande y reanudaron su rumbo hacia el oeste a lo largo de la costa. Durante la noche, la noticia de la visita de los españoles se había extendido entre los indios que vivían en la zona. Al paso de los barcos, cientos de indios salían a la playa para ver a los hombres que, según creían, habían bajado del cielo, y les instaban a detenerse un rato en sus aldeas. Cuando los españoles no desembarcaban en la orilla, los indios se subían a sus canoas y remaban hasta los barcos. Cristóbal ordenó que se tratara bien a los nativos y todos ellos se marcharon contentos con sus cascabeles, sus cuentas de cristal y los demás objetos que les regalaron los españoles.

La Niña, la San Juan y la Cardera siguieron navegando hasta llegar al Cabo de Cruz. Pero en lugar de virar hacia el norte, hacia el Golfo de Guacanayabo, y seguir la costa de Colba, Cristóbal decidió dirigirse al sur, en busca de la isla de la que le habían hablado algunos indios de la costa. Aquella isla se llamaba Yamaye (Jamaica), y Cristóbal esperaba encontrar allí mucho oro.

Mientras se dirigían hacia el sur, los vientos arreciaron, agitando el mar y haciendo que las naves cabecearan y se balancearan violentamente. El 5 de mayo, las carabelas llegaron a la costa norte de Yamaye y anclaron en una bahía que Cristóbal llamó Santa Gloria. Cristóbal quedó tan cautivado por la belleza de la isla de Yamaye que declaró que era la más bella que había descubierto en las Indias hasta entonces. Sin embargo, mientras admiraba el paisaje desde la cubierta de la Niña, unos setenta guerreros nativos se acercaron remando a bordo de grandes piraguas. Cristóbal pensó que parecían una partida de guerra y ordenó a sus hombres que dispararan una bala de cañón por encima de la cabeza de los indios. Pronto los nativos volvieron a remar hacia la playa a toda velocidad.

Desde Santa Gloria, los barcos se dirigieron hacia el oeste por la costa norte de Yamaye hasta llegar a Río Bueno, otro puerto. Una vez más, un grupo de amenazadores guerreros se acercó a los barcos en sus canoas, pero esta vez el fuego de los cañones no los espantó. Cristóbal ordenó a sus hombres que dispararan con sus ballestas. Varios de los nativos fueron alcanzados y muertos antes de que los atacantes decidieran retirarse.

Para entonces, el suministro de agua a bordo de los barcos se estaba agotando y Cristóbal envió un grupo de desembarco a tierra con los barriles de agua. Los indios, abrumados por las ballestas, las espadas y los fieros perros del grupo, se apresuraron a abastecer a los marineros de comida, agua y otras provisiones para su viaje. Sin embargo, a pesar de las repetidas peticiones de Cristóbal, no pudieron conseguir oro.

Una vez rellenados los barriles de agua y cargados de nuevo a bordo de los barcos, junto con las demás provisiones que los indios les habían suministrado, la pequeña flota navegó hacia Bahía Montego. Decepcionado al ver que en Yamaye no encontraba las grandes cantidades de oro que había esperado, una vez en Bahía Montego Cristóbal ordenó a los barcos que pusieran rumbo al norte y regresaran a Colba.

Tres días más tarde, las naves pasaron por el Cabo de Cruz y se adentraron en el Golfo de Guacanayabo, donde continuaron su exploración de la costa de Colba. Mientras navegaban, Cristóbal estaba constantemente atento a cualquier persona que pudiera parecerse vagamente a alguien de Catay (China). Seguramente, razonó, si esta era realmente la tierra firme de Catay, tenía que haber allí evidencias de su gente y su cultura. Pero por mucho que intentó encontrar en Colba alguna prueba de ello, no lo consiguió. Allí por donde pasaban solo encontraba más indios viviendo en pequeñas aldeas. No había ni rastro de la avanzada civilización del gran Kan, rebosante de oro y otros productos preciosos, que Marco Polo había descrito. Cristóbal empezó a preguntarse si Colba no sería una isla más, como La Española y las demás islas que había descubierto hasta entonces. Tal vez no fuera una península unida a la tierra firme de Catay. Pero Colba parecía demasiado larga para ser una isla. Llevaban días navegando por su costa sur y no habían encontrado ninguna señal de su extremo occidental.

Las dudas de Cristóbal sobre si Colba era una isla o una península comenzaron a disiparse cuando un grupo de indios le dijo que el nombre de la región era Magón. A Cristóbal, aquel término le sonó muy parecido a Mangi, una provincia de Catay que Marco Polo había descrito con cierto detalle en su libro. Esto hizo que se convenciera a sí mismo de que, efectivamente, estaban en Catay.

Por fin, tras avanzar algo más hacia el oeste, llegaron a un punto en el que los indios taínos desaparecieron. A partir de aquel punto, las aldeas que encontraban estaban pobladas por indios siboney. Como Diego Colón, el intérprete indígena, no entendía su idioma, la comunicación volvió a reducirse a gestos y señales hechas con las manos.

Cristóbal quería seguir hacia el oeste, pero a estas alturas sus barcos empezaban a hacer aguas y sus velas mostraban serios signos de desgaste. Era el momento de emprender el regreso a Isabela. Sin embargo, notó que sus hombres tenían serias dudas respecto a la proximidad de Catay, ya que no había allí la mínima señal de las grandes riquezas y civilizaciones de Asia. Ansioso por demostrar que había llegado a Asia, Cristóbal obligó a todos a firmar una declaración afirmando que Colba formaba parte del continente asiático, ya que no podía existir ninguna isla de esa longitud. Según el documento, era inútil navegar más al oeste para demostrarlo. Exhausto y frustrado, mandó incluir una cláusula que condenaba a cualquiera que se desdijese a pagar una multa de diez mil maravedíes y que se le cortara la lengua. Aquel error, fruto del agotamiento y su vanidad como almirante y descubridor de las Indias, se iría sumando a otros que acabarían pasándole factura.

Una vez firmada la declaración, Cristóbal dio la orden de partir, y el 13 de junio de 1494, los tres barcos iniciaron su viaje de regreso a Isabela. Fue un viaje lento y arduo. Las naves tuvieron que navegar a bolina[1] a causa del viento de proa, además de pelear contra la fuerte corriente que fluía en dirección oeste. Para evitar la fuerza de la corriente y aprovechar las brisas que soplaban desde la isla, Cristóbal hizo a los barcos navegar por las aguas tranquilas cercanas a la costa. Esto significaba que él y los capitanes de los tres barcos tenían que estar especialmente atentos, con el fin de evitar los bancos de arena, las rocas y los afloramientos de coral.

El 18 de julio llegaron a Cabo de Cruz y, una vez más, Cristóbal decidió dirigirse al sur, a Yamaye. Tres días más tarde, los barcos regresaron a Bahía Montego y echaron el ancla. Desde allí rodearon el extremo occidental de la isla y exploraron la costa sur de Yamaye. Cada noche, los tres barcos localizaban alguna pequeña bahía o caleta y echaban allí el ancla. Aunque siempre organizaban turnos de guardia, Cristóbal comprobó aliviado que no había más canoas llenas de guerreros que intentaran asaltar las carabelas. El 19 de agosto, dejaron atrás Punta Morant, el cabo oriental de Yamaye, y cruzaron el Paso de Barlovento, llegando a la costa sur de La Española.

A continuación, los barcos empezaron a recorrer la costa meridional de la isla, deteniéndose a explorar bahías y calas[2] a medida que avanzaban. A Cristóbal le llamaron especialmente la atención algunos de los lugares por los que pasaron. Eran mucho más adecuados para levantar en ellos futuras ciudades y puestos comerciales, que los que había visto en la costa norte de la isla. Por fin, los barcos rodearon el extremo oriental de La Española y se dirigieron al oeste, hacia

1 Bolina: Navegar de modo que la dirección de la quilla forme con la del viento el ángulo menor posible.

2 Calas: Ensenada pequeña.

Isabela, donde el 29 de septiembre de 1494 la Niña, la San Juan y la Cardera echaron el ancla.

En Isabela, le esperaba una agradable sorpresa. Nada más llegar a tierra, su hermano Bartolomé salió a saludarlo. Ambos hermanos disfrutaron de un maravilloso reencuentro. Bartolomé le explicó que la carta que Cristóbal le había escrito, invitándole a unirse al segundo viaje a las Indias nunca había llegado a París. Sin embargo, la noticia del éxito de Cristóbal en la búsqueda de las Indias había llegado a Francia y, en cuanto se enteró, Bartolomé partió de inmediato hacia Barcelona. Llegó demasiado tarde, solo para descubrir que la flota ya había zarpado de Cádiz. Pero Bartolomé fue recibido en audiencia por Fernando e Isabel, que quedaron tan impresionados con él que le ofrecieron el mando de tres carabelas con las que llevar suministros frescos a su hermano en La Española. Bartolomé aprovechó la oportunidad y, gracias a ello, los tres hermanos Colón estaban juntos de nuevo.

A pesar de la alegría que le supuso reunirse con Bartolomé, Cristóbal no tardó en comprobar la desastrosa situación en la que se encontraba Isabela. Su hermano menor, Diego Colón había demostrado no tener dotes de liderazgo. Mientras Cristóbal exploraba la costa de Colba, la relación entre Pedro Margarit, buen militar y hombre de confianza de Fernando de Aragón, y Diego Colón se fue deteriorando. Al marchar, Cristóbal había nombrado a Margarit jefe de las fuerzas militares y miembro del consejo encargado de gobernar la Isabela. Sin embargo, su hermano Diego, que había sido un simple tejedor hasta que Cristóbal lo llamara a su lado, gobernaba el asentamiento sin contar con nadie y las condiciones de vida en la Isabela eran cada vez peores. Cuando el 24 de junio llegó Bartolomé Colón a La Española, la situación cambió radicalmente. Bartolomé era un hombre enérgico y con experiencia. Inmediatamente dejó en un segundo plano a su hermano y comenzó a tomar medidas destinadas a mejorar la vida en Isabela.

Viendo que La Española se encontraba en mejores manos, Pedro Margarit y un grupo de descontentos, entre los que se encontraba Fray Buil, consejero de Fernando de Aragón, que estaba en desacuerdo con el trato que recibían los indios, decidieron regresar a España en las naves en las que había llegado Bartolomé. Antes de partir, Fray Buil informó a Diego que él y Margarit se encargarían de dar a los soberanos una relación completa sobre la incompetencia y la mala gestión del asentamiento por parte de Cristóbal.

Sin embargo, la marcha de Margarit dejó a los soldados españoles sin un liderazgo claro. Diversos grupos de soldados bien armados se dedicaron a recorrer el interior de La Española, saqueando a su paso los poblados indígenas, y la situación en la isla se volvió muy tensa, con partidas de indios enfrentándose a los españoles.

Por lo tanto, a su regreso a Isabela, Cristóbal sintió todo el peso del resentimiento de los colonos amontonarse sobre él y sus hermanos. Los colonos le acusaban de haberles mentido sobre las condiciones de La Española y sobre la cantidad de oro que podía encontrarse en la isla.

En noviembre de 1494, dos meses después del regreso de Cristóbal, llegaron a Isabela cuatro de las carabelas que habían partido hacia España al mando de Antonio de Torres en busca provisiones para el asentamiento. Junto con ellas, llegó una carta para Cristóbal de parte de los reyes. A esas alturas, Cristóbal suponía que los soberanos ya habrían escuchado una serie de quejas sobre él y su liderazgo. Abrió la carta con inquietud. Para su sorpresa, Fernando e Isabel se mostraban muy amables con él, aunque le instaban a dejar La Española bajo el liderazgo de su hermano Bartolomé o de alguna otra persona adecuada y regresar a España.

Lo cierto es que la llegada en abril de ese mismo año de los 26 indios esclavizados por Cristóbal que Antonio de Torres había llevado a la ida en sus bodegas había causado en la corte real una pésima impresión. Aquello contradecía expresamente las órdenes de Isabel de respetar a los indios como a cualquier otro súbdito de la corona española. Además, al examinar las especias que Cristóbal había enviado como si fueran canela, áloe y almizcle, los expertos descubrieron que no eran tales, sino solamente plantas locales sin ningún valor comercial. Aquello supuso una gran decepción para Fernando e Isabel, y la imagen de Cristóbal quedó dañada.

A pesar del deseo de los reyes, Cristóbal no creía que fuera el momento adecuado para volver a España. Todavía tenía mucho que hacer para asegurarse de que las cosas en La Española se pusieran en orden. Ahora tenía dos problemas con los que lidiar: los colonos y el posible disgusto de los monarcas por no regresar de inmediato a casa. Sorprendentemente, y aunque Fernando e Isabel rechazaban su propuesta de esclavizar a los indios, Cristóbal pensó que la esclavitud de los indígenas podía ser la solución a ambos problemas. Según él, a pesar de las reticencias reales, el envío de varios cientos de esclavos indios calmaría cualquier preocupación que pudieran tener los reyes sobre su capacidad para administrar La Española. ¿No se habían quejado los colonos, casi desde el primer día, de la cantidad de trabajo que suponía el establecimiento de la colonia? ¿Por qué no dejarles tener esclavos para aliviar su carga? Cuando los reyes comprobaran lo beneficiosa que resultaba esa medida cualquier objeción que hubieran tenido al respecto se disiparía de inmediato. Con ese pensamiento mente, Cristóbal ordenó a los colonos que se adentraran en la isla y esclavizaran a dos mil indios. Estos no tardaron en cumplir sus órdenes, y pronto había una gran cantidad de indígenas encerrados en Isabela.

A principios de febrero de 1495, Antonio de Torres estaba listo para zarpar de nuevo con las cuatro carabelas de regreso a España. Antes de hacerlo, cargaron a bordo quinientos esclavos indios, todos los que podían contener las naves, y pronto se pusieron en camino a través de la Mar Océana.

Una vez que las carabelas partieron hacia España, Cristóbal permitió a los colonizadores llevarse a los indios que quedaban para que les sirvieran como esclavos. Tal y como esperaba, esta medida les agradó mucho. Sin embargo, el uso de esclavos para limpiar y cultivar la tierra tampoco logró los resultados que se esperaban. Lo que en aquella época nadie había previsto era que las semillas y cultivos llevados desde España no eran apropiados para ese clima, e incluso el ganado tardaba en aclimatarse. Como resultado, los habitantes de Isabela siguieron dependiendo del flujo de suministros que ahora llegaban periódicamente desde España. También llegaban de España noticias de otra falta de aclimatación: la de los indios caribeños a los duros inviernos de Castilla. Cristóbal decidió escribir a los reyes para tranquilizarlos:

> Si los esclavos indios mueren en España no puede ser por el frío, porque aquí hay lugares donde, como van desnudos, lo padecen tan áspero como

en Burgos las personas que llevan ropa. Yo he visto aquí a veces los campos blancos a causa de una helada, y se ha visto mucho hielo, y eso en el mes de agosto. Hace poco sucedió que andando por el camino cayó una lluvia tan fría que cuatro de los indios que iban con nosotros murieron helados.

Sin que Cristóbal se diera cuenta, su visión idealizada de la realidad y su deseo de hacer prosperar la colonia, iban predisponiendo en su contra a los reyes de España y agravando la enemistad de la población nativa.

Varios de los indios que habían sido encerrados en Isabela habían logrado escapar. Uno de ellos era un cacique llamado Guatiguaná, que se dirigió inmediatamente hacia el interior y trató de unir a los indios contra los españoles. Cristóbal se enteró del plan de Guatiguaná cuando varios indios llegaron a Isabela y le informaron de que un gran ejército de guerreros se había reunido en Vega Real, preparándose para atacar el asentamiento español y matar a todos los habitantes del lugar. Alarmado por el informe, Cristóbal supo que debía actuar rápidamente. Decidió tomar la ofensiva. En lugar de esperar a que los indios llegaran a Isabela, marcharía hacia el interior y los atacaría.

Cristóbal, Bartolomé y Alonso de Ojeda condujeron a doscientos españoles vestidos con armaduras hacia el interior. Veinte de los soldados iban a caballo y llevaban veinte perros de caza, que habían sido enviados a Isabela varios meses antes. Muchos de los soldados llevaban arcabuces[3], primitivos mosquetes de chispa. Tal y como esperaban, al llegar cerca de Vega Real se encontraron con los guerreros indios

3 Arcabuces: Arma de fuego portatil, antigua, semejante al fusil, que se disparaba prendiendo la pólvora del tiro mediante una mecha móvil incorporada a ella.

allí reunidos. Ojeda dirigió a los jinetes en una carga mientras soltaba a los perros adiestrados. A excepción de aquellos que habían visitado Isabela, los indios de La Española nunca habían visto caballos ni perros. Y cuando los caballos irrumpieron entre los guerreros apiñados y los perros los atacaron, la masa de indios comenzó a huir en todas las direcciones, completamente derrotados y desmoralizados, incluso antes de que los demás soldados pudieran disparar sus arcabuces.

Con la derrota del ejército indio, todo el mundo tuvo claro quién controlaba ahora La Española, y Cristóbal decidió que había llegado el momento de aprovechar la situación. Como los españoles no recibían la cantidad de oro que esperaban a través del comercio con los indios, Cristóbal introdujo un sistema de tributos. Declaró que todos los nativos mayores de catorce años debían pagar cada año a los españoles cuatro campanas de cetrería[4] llenos de polvo de oro, y los caciques debían entregar una cantidad aún mayor una vez al mes.

Satisfecho con la conquista de La Española y con la sensación de que la colonización de la isla iba de nuevo por buen camino, Cristóbal empezó a pensar que podría ser el momento de volver a España. Decidió nombrar a Bartolomé líder de la colonia en su ausencia. También encargó a su hermano que buscara un lugar adecuado y construyera un nuevo asentamiento en la costa sur de La Española, abandonando la baja y pantanosa Isabela, plagada de enfermedades.

El 10 de marzo de 1496, Cristóbal subió a bordo de la Niña para emprender el viaje de regreso a España.

---

4 Campanas de cetrería: Pequeña campana redonda hecha de latón o cobre que se usó originalmente como parte del equipo de cetrería (Arte de criar, domesticar, enseñar y curar a los halcones y demás aves que sirven para la caza de volatería) en la Europa medieval.

Acompañaba a la Niña una carabela de cincuenta toneladas llamada India. Esta embarcación había sido construida en Isabela con madera de la San Juan y la Cardera, que habían acompañado a Cristóbal en la exploración de la costa de Colba. Tanto la San Juan como la Cardera se habían inundado y hundido durante un huracán que había arrasado la zona varios meses antes. A bordo de la Niña y la India había 225 españoles y 30 esclavos indios. Como los barcos habían sido construidos para acoger a una tripulación de cincuenta personas, viajaban hacinados.

Con tanta gente a bordo, después de un mes de viaje, Cristóbal se vio obligado a reducir las raciones diarias para que cada persona a bordo recibiera seis onzas de pan de yuca y un vaso de agua al día. Las semanas fueron pasando, el viaje se hacía larguísimo por la falta de vientos favorables y los pasajeros más débiles comenzaron a morir de hambre. La desesperación fue tanta que algunos sugirieron comerse a los caníbales, mientras que otros proponían echar a todos los indígenas al mar, para que así aumentara el tamaño de las raciones de los que quedaban. Sin embargo, Cristóbal se mostró inflexible: todas las vidas serían respetadas.

Finalmente, el 11 de junio de 1496, las dos naves llegaron a Cádiz, poniendo fin al segundo viaje de Cristóbal a las Indias. Habían pasado dos años y nueve meses desde que zarpara de Cádiz y su llegada a casa fue mucho menos grandiosa que su partida. Se habían izado todas las banderas y estandartes disponibles en los barcos, que sin embargo presentaban un aspecto desaliñado. Los pasajeros llegaron medio muertos. Sus ojos estaban hundidos y su piel amarillenta, y muchos de ellos, incluido Cristóbal, necesitaron ayuda para llegar a tierra. Cristóbal tenía mucha fiebre y sufría artritis, por lo que le costaba caminar. Aun así, estaba agradecido por haber llegado a salvo a España. Tenía la intención, tan pronto como se recuperara, de dirigirse a la corte real y dar a Fernando e Isabel un informe completo sobre su viaje y, si era necesario, defender su forma de obrar en La Española.

Capítulo 13

Humillación

Cuando la Niña y la India fondearon en el puerto de Cádiz y los marineros desembarcaron y regresaron a sus hogares, Cristóbal se dirigió a la casa de su amigo, el padre Andrés Bernáldez, para recuperarse y esperar una citación real. Este le dio una noticia que llenó de temor su corazón. A primeros de abril del año anterior habían desembarcado en ese mismo puerto los cuatro barcos al mando de Antonio de Torres que transportaban a los quinientos esclavos indios con los que Colón, ingenuamente, había querido demostrar a los reyes su capacidad como gobernante de las Indias. Las malas condiciones del viaje habían hecho que solo sobrevivieran trescientos treinta de ellos. Pocos días después de su llegada, la cancillería real había recibido un mensaje de las autoridades locales solicitando instrucciones sobre qué hacer con los esclavos. La primera respuesta de la corte, el 12 de abril, decía así:

> Acerca de lo que nos escribisteis de los indios que vienen en las carabelas, opinamos que se podrán vender mejor en Andalucía, haced como mejor os parezca.

En la Europa de aquel tiempo, la esclavitud era algo normal desde la antigüedad y no dependía de la raza, sino que solía aplicarse cautivos de guerra de naciones no cristianas. Los propios Fernando e Isabel, tras la conquista de Granada, habían hecho esclavos a muchos enemigos, llegando a enviar a algunos de regalo a otros monarcas de la cristiandad, en incluso al propio Papa, sin que nadie lo considerara extraño. Sin embargo, en esta ocasión, tan solo cuatro días después de haber dado la orden de vender los indios enviados por Cristóbal, salió de la misma cancillería otra cédula real pidiendo que cesara la venta:

> Por otra carta nuestra os escribimos que vendierais a los indios que envió el Almirante don Cristóbal Colón, pero queremos informarnos con juristas, teólogos y canonistas si esto se puede hacer con buena conciencia, y no podremos saberlo con seguridad hasta que el Almirante no nos explique mejor por qué los envía como cautivos.

Aunque Cristóbal había argumentado que aquellos indios podían esclavizarse, pues no eran cristianos, los reyes tenían escrúpulos de conciencia, aquellas eran gentes que nunca habían sido evangelizadas, y los monarcas necesitaban que Cristóbal les informara mejor. No era una decisión fácil.

Esto aumentó el temor de Cristóbal a encontrarse con los reyes de España, sabiendo además que sus detractores habrían hablado ya con los monarcas para criticar cómo se estaban haciendo las cosas en las nuevas tierras de la corona. Además, la estancia con el padre Bernáldez proporcionó a Cristóbal mucho tiempo para pensar en lo que había salido mal en las Indias.

Al principio culpó de sus desgracias a otras personas, pero poco a poco llegó a pensar que Dios le estaba castigando porque se había enorgullecido demasiado de sus nuevos títulos y de su papel. Una vez convencido de ello, Cristóbal decidió cambiar su comportamiento. Pidió prestada la vestimenta de un monje franciscano y se puso una túnica marrón en lugar de su habitual ropa vistosa. La túnica picaba y daba calor, pero se adaptaba al estado de ánimo de Cristóbal, y este sentía que llevándola mostraría a Dios lo arrepentido que estaba.

La espera para ser convocado a una audiencia en la corte real se alargó, ya que el rey y la reina estaban inmersos en la planificación de las bodas de tres de sus hijos. La primera, y la más importante para España, era la boda del príncipe heredero don Juan con la hija del emperador de Austria. Además, la princesa Doña Juana, se casaría también con un hijo del emperador austriaco, mientras que otra hija se casaría con el rey Don Manuel, el nuevo soberano de Portugal. Para preparar los enlaces, la corte se había trasladado a Burgos, la capital de Castilla la Vieja. En muchos sentidos, Cristóbal se alegraba de que las bodas distrajeran a los soberanos de su situación. Le daba más tiempo para rezar y pensar en la mejor manera de manejar los ataques personales que sabía habrían escuchado de boca de Fray Buil, Pedro Margarit y otros que habían regresado de La Española.

Pasaron dos meses antes de que Cristóbal recibiera la noticia de que el rey y la reina estaban listos para recibirlo. Por segunda vez, Cristóbal organizó una comitiva de indios con sus enseres. A diferencia del desfile que había tenido lugar a la vuelta de su primer viaje a las Indias, este no atrajo a grandes multitudes de admiradores a lo largo del camino. Fue otro recordatorio para Cristóbal de lo efímera que podía ser la gloria de un héroe nacional.

Al llegar a la corte, Cristóbal fue recibido de forma desigual. Sus dos hijos, Hernando y Diego, así como el rey y la reina, se alegraron de verlo. Pero muchos de los cortesanos lo recibieron con frialdad. Susurraban a sus espaldas y para burlarse se referían a él con el título de «Almirante de los Mosquitos».

La reina Isabel se sorprendió al ver a Cristóbal vestido de monje franciscano, y este aprovechó la ocasión para explicar a sus majestades que había meditado mucho sobre su papel en las dificultades que habían sufrido los habitantes de La Española. Pidió entonces que le enviaran de nuevo a la isla para poder hacerse cargo de la gobernación del lugar y continuar la exploración de aquellas tierras.

Sin embargo, Fernando e Isabel no accedieron inmediatamente a esta petición. De hecho, fueron necesarias cinco audiencias más con la pareja real, en el transcurso de más de un año, antes de que accedieran a equipar a Cristóbal para un nuevo viaje. La demora en la aprobación de un tercer viaje a las Indias se debió en parte a una serie de tragedias personales que habían ocurrido en la casa real. En 1497, poco después de la boda, su único hijo varón, el príncipe heredero Don Juan, había muerto. Un año más tarde, su hija Isabel, convertida en reina de Portugal, moría al dar a luz.

Cristóbal sabía que el apoyo de Fernando e Isabel para que realizara un tercer viaje a las Indias no estaba motivado por su fe en él, sino porque otros monarcas también estaban planeando viajes de descubrimiento. El rey portugués, yerno de los soberanos españoles, se preparaba para enviar a Vasco da Gama en un viaje que pretendía doblar el Cabo de Buena Esperanza y alcanzar la India. Además, se rumoreaba que el rey Enrique VII de Inglaterra iba a enviar una flota de aventureros a explorar el océano.

El rey insistió en que la flota que navegara a las Indias fuera más pequeña que la anterior. Autorizó a Cristóbal a reclutar trescientos hombres y treinta mujeres para que hicieran el viaje con él. Pero reclutar a estas personas resultó extremadamente difícil. Todo el mundo conocía ahora las duras condiciones de La Española y la forma en que las Indias habían pasado de ser un lugar amistoso a una trampa mortal.

Cristóbal se quejó a los reyes de los problemas que tenía para reclutar una tripulación para el viaje. En respuesta, el rey y la reina decretaron que todo convicto que firmara para ir a La Española durante dos años sería indultado y liberado de la cárcel. Aun así, solo diez convictos se animaron a realizar la travesía, entre ellos dos mujeres, y se tardó mucho tiempo en conseguir los hombres y los suministros necesarios.

No fue hasta mayo de 1498, casi dos años después de regresar a España, cuando Cristóbal volvió a zarpar hacia las Indias. Esta vez el convoy estaba formado por seis barcos y entre los miembros de la expedición se encontraba Fray Bartolomé de las Casas[1], el gran protector de los indios y quien también más tarde transcribiría los diarios de viaje de Cristóbal. Tres de los barcos debían dirigirse directamente a La

1 N. del t.: Infelizmente, Fray Bartolomé de las Casas, en su loable deseo de defender a los indios de los abusos que después se cometieron, exageró este hecho, asegurando que buena parte de los componentes de la expedición eran «delincuentes, condenados a muerte por graves delitos». Esto sería aprovechado más tarde por otras potencias extranjeras, que paradójicamente sí utilizaron sus colonias como penales para delincuentes, para denigrar la colonización española.

Española, mientras que los otros tres, bajo el mando de Cristóbal, pondrían rumbo al sur. Mientras estaba en España, Cristóbal había releído a Aristóteles y se había familiarizado con el dicho del antiguo filósofo griego de que cuanto más al sur se navegara, más oro y otros objetos preciosos se podrían encontrar. Esa había sido la experiencia de los portugueses a medida que exploraban, cada vez más al sur, la costa de África. Con esto en mente, Cristóbal esperaba que sus tres barcos, al acercarse más al ecuador, descubrieran las enormes cantidades de oro que buscaban. Después de explorar aquellas regiones, se dirigiría a La Española para reunirse con el nuevo grupo de colonos que viajaba en las otras tres naves.

Las seis naves navegaron juntas hasta las Islas Canarias, donde se abastecieron de más alimentos y agua. Luego se separaron, y Cristóbal puso rumbo con una nao y dos carabelas, a las islas de Cabo Verde. Al principio los vientos les favorecieron y pudieron recorrer mil doscientos kilómetros en seis días. Entonces ocurrió el desastre: las tres naves quedaron inmovilizadas en un mar cristalino de calma chicha.

Un día tras otro, los barcos vagaban a la deriva, sin viento en las velas. El calor era sofocante y la tripulación empezó a sentir pánico. Cristóbal trató de calmarlos, pero incluso él empezaba a dudar si volverían a moverse. Nunca se había encontrado en medio de una calma tan grande durante un período tan prolongado. Convocó reuniones especiales de oración y dedicó la misión a la Santísima Trinidad. Finalmente, nueve días después, el viento volvió a soplar y los tres barcos se pusieron en marcha a toda vela.

El resto del viaje transcurrió sin incidentes, y el último día de julio de 1498 se oyó desde la cofa del vigía el esperado grito:

—¡Tierra! ¡Tierra! Tres colinas a la vista.

Cristóbal subió por las jarcias del palo mayor para ver mejor. Efectivamente, tres colinas emergían en el horizonte.

—¡Trinidad al frente! —gritó Cristóbal, bautizando así aquel lugar en honor a la Santísima Trinidad, a la que atribuía el mérito de haber llevado los barcos a salvo hasta allí.

Al acercarse a la isla, Cristóbal dio la orden de navegar a lo largo de su costa sur, buscando la desembocadura de un río. Cuando la encontraron, los tres barcos echaron el ancla. Una vez enrolladas las velas, los hombres bajaron a tierra, se desnudaron, y lavaron su cuerpo y su ropa en el agua dulce del río. Durante los tres días siguientes Cristóbal y sus hombres descansaron, pero se mantuvieron atentos a la posible presencia de nativos hostiles.

Cristóbal suponía que los pueblos que encontraran por aquellas latitudes serían de raza negra, como los habitantes de África, o que tendrían los rasgos de las gentes de Catay. Así que se sintió un poco molesto cuando, en lugar de ello, apareció una canoa cargada de indios similares a los de La Española. No eran indios lo que él esperaba encontrar.

Con la esperanza de interesarlos en el comercio, Cristóbal ordenó que les enseñaran algunas relucientes baratijas de metal por la borda, para intentar despertar su interés. Pero los indios, desconfiados, temían acercarse demasiado a la nave. Finalmente, ordenó que subieran al castillo de popa algunos grumetes, para que danzaran al son del tamboril. En lugar de disfrutar de la exhibición, los indios soltaron los remos y, tomando los arcos y las flechas, lanzaron una lluvia de proyectiles contra los barcos. Cristóbal llegó a la conclusión de que seguramente habían confundido la música y el baile con una danza de guerra. Se dijo a sí mismo que no volvería a intentar esa estrategia de aproximación.

Cuando la tripulación de las tres naves hubo descansado, siguieron navegando a través de un estrecho de aguas rápidas, al que Cristóbal llamó Boca de la Sierpe. Desde allí, surcaron el Golfo de Paria y, cuando llegaron a tierra, al otro lado del golfo, Cristóbal llegó a la conclusión de que se encontraban, de nuevo, en otra isla. Tomó con él algunos hombres y bajaron a tierra para reabastecerse de agua dulce, sin saber que aquella era la primera vez que unos europeos pisaban el continente sudamericano.

Una de las carabelas fue enviada como avanzadilla a explorar y regresó varios días después con interesantes noticias. La tripulación había descubierto las cuatro desembocaduras de un enorme sistema fluvial (el Orinoco); una de ellas era tan grande que creaba un flujo de agua dulce que penetraba en el mar unos treinta kilómetros.

Cristóbal quedó asombrado ante la noticia. Sólo se le ocurría una razón lógica para un volumen tan grande de agua dulce: esta debía fluir desde una masa de tierra muy grande. Entonces recordó con entusiasmo que había dedicado aquel viaje en particular a la Santísima Trinidad. Después de leer el libro del Génesis, llegó a la conclusión de que el Padre, el Hijo y el Espíritu Santo le habían guiado hasta las proximidades del más sagrado de los lugares: el Jardín del Edén. Más tarde expuso sus razones para llegar a esta conclusión en una carta enviada a Fernando e Isabel.

> La Sagrada Escritura testifica que Nuestro Señor hizo el Paraíso Terrenal y en él puso el Árbol de la vida, y de él sale una fuente de la que nacen los

> cuatro grandes ríos: el Ganges, el Tigris, el Éufrates y el Nilo. [...] El Paraíso Terrenal adonde no puede llegar nadie excepto por voluntad de Dios, está en el confín de Oriente, y el río que hemos descubierto es tan grande y hondo que si no saliera del paraíso me parecería incluso más maravilloso, pues tenemos muchos indicios de que efectivamente es así... Sería importantísimo que España invirtiera en esta empresa, ya que ningún legado podrán dejar sus majestades del que quede mayor memoria [...]. Además, sus majestades ganarán estas tierras, que son otro mundo, tierras donde la cristiandad tendrá un gran gozo y nuestra fe un gran crecimiento. Todo esto digo con toda honestidad y porque deseo que sus majestades sean los más grandes señores del mundo, señores de todo él; y que sea todo para mayor gloria y satisfacción de la Santa Trinidad.

Cristóbal pensaba, sin embargo, que no era el momento de explorar el «Jardín del Edén». Necesitaba navegar hacia La Española lo antes posible para ver cómo le había ido a Bartolomé y al pequeño asentamiento, y comprobar si las otras tres carabelas habían llegado a salvo.

Antes de poner rumbo al norte, hacia La Española, los barcos siguieron navegando hacia el oeste. Se detuvieron en una isla a la que Cristóbal llamó Margarita, que significa perla en latín. La llamó así porque las bahías de la isla estaban llenas de criaderos de ostras perlíferas[2]. Sin embargo, como Cristóbal tenía prisa por seguir adelante, anotó en su diario que volvería a la isla lo antes posible para seguir explorando.

Las tres carabelas se dirigieron, por lo tanto, hacia la costa sur de La Española. A través de una carta enviada por Bartolomé mientras él estaba en España, Cristóbal se había enterado de que su hermano había

2 Perlíferas: Que tiene o produce perlas.

localizado un lugar adecuado, con un puerto protegido, donde establecer un nuevo asentamiento. Bartolomé lo había llamado Santo Domingo, en honor a su padre. Cristóbal estaba ansioso por verlo, pero a medida que se acercaba a La Española le iba invadiendo una sensación de temor. ¿Estarían sus hermanos allí para recibirlo? ¿Y si la comunidad había sido atacada por los indios y habían masacrado a sus habitantes? ¿Qué les diría entonces a sus Majestades?

El 31 de agosto de 1498, cuando las tres naves entraron en el puerto y echaron anclas, Cristóbal se sintió aliviado al comprobar que Santo Domingo aún existía. Pero su alegría se vio muy pronto empañada en cuanto tuvo noticia de los sucesos acaecidos durante los más de dos años que había estado ausente. El origen de los problemas no había sido la lucha entre españoles e indígenas, sino los conflictos intestinos[3] entre españoles.

Francisco Roldán, a quien Cristóbal había nombrado previamente como juez principal de la colonia, había liderado una rebelión contra Bartolomé. Por insólito que le pareciera a Cristóbal, Roldán había conseguido convencer a cien españoles para que escaparan con él hacia el interior. Allí habían unido fuerzas con algunos indios y regresado a Santo Domingo para atacarla en varias ocasiones. Incluso habían intentado apoderarse de tres carabelas recién llegadas de España con el fin convencer a los marineros que iban en ellas para que los llevaran a casa.

Se trataba de un serio quebranto del deber, y la intención de Cristóbal era castigar por su desobediencia a Roldán y a los que se habían sumado a la rebelión. Sin embargo, se dio cuenta de que al hacerlo podía fácilmente generar más problemas para todos ellos.

3 Intestinos: Interior, interno. Civil, doméstico.

Al fin y al cabo, eran un grupo comparativamente pequeño de europeos apostados en una pequeña isla al otro lado de la Mar Océana.

Si seguían luchando entre sí, ¿quién podría decir si alguno de ellos sobreviviría para contarlo? A pesar de las objeciones de Bartolomé, Cristóbal convocó una reunión con el líder rebelde. Él y Roldán se reunieron en la selva que rodeaba a Santo Domingo y llegaron a un acuerdo. Cristóbal se comprometió a proporcionar dos naves a los rebeldes que quisieran regresar a España y un indulto a los que desearan quedarse en la comunidad. Además, prometió dar a cada rebelde que se quedara su propia parcela de tierra y la responsabilidad sobre todos los indios que vivieran en ella.

Con aquellas lamentables concesiones, Cristóbal esperaba que el asentamiento creciera y prosperara. Pero aún quedaban muchos problemas. Cristóbal, Bartolomé y Diego continuaron luchando por liderar la colonia, pero la ola de rebeldía contra los «tres genoveses extranjeros» seguía aumentando. Los colonos se quejaban de que no recibían su sueldo, pasaban hambre y sufrían toda clase de penalidades, mientras Cristóbal y sus hermanos nombraban a sus amigos para los mejores puestos, aunque no estuvieran dotados para ellos, reservándose para ellos mismos y sus aliados las mejores tierras de labranza, y olvidándose de los demás.

Una de las medidas que tomó Cristóbal por aquella época fue la de entregar a cada uno de los trescientos colonos un esclavo indio. También volvió a escribir a los reyes de España para convencerlos de que los indios que enviaba a España no eran cristianos, y por lo tanto podían ser esclavizados. Sin embargo, cuando las noticias de lo ocurrido llegaron a la corte de España, la reina Isabel exclamó indignada:

—¿Acaso le he entregado poder al almirante para dar a nadie mis vasallos?

Poco después de ese incidente, los reyes mandaron anunciar en todo el reino que los indios esclavizados por Cristóbal y vendidos en España debían ser devueltos por sus dueños, bajo pena de muerte. Y que los indios que quisieran, tenían derecho a embarcar de regreso a las Indias en los primeros barcos que partieran desde España.

Cuando llegó el verano de 1499, Cristóbal estaba especialmente preocupado por los informes que estarían llegando a la corte real española. Sin embargo, poco podía hacer ante la situación, salvo esperar y confiar en que el rey y la reina no hicieran caso a los que se quejaban de su manera de administrar la colonia.

Cuando, en agosto del 1500, una flota de carabelas entró en el puerto de Santo Domingo, las esperanzas de Cristóbal se desvanecieron. A bordo de una de ellas iba Francisco de Bobadilla, un representante real que había sido enviado a investigar la situación de La Española. Cristóbal, que no se encontraba en la ciudad, se indignó al saber que Bobadilla llevaba consigo un documento oficial que le otorgaba plena autoridad sobre la isla.

Justo cuando llegó el enviado de los reyes, los Colón se encontraban sofocando otra rebelión de los colonos contra su gobierno. Incluso antes de desembarcar, Bobadilla pudo ver desde la borda de su barco cómo se balanceaban de la soga los cuerpos de dos españoles. En seguida fue informado de que el número de españoles ahorcados aquella misma semana ascendía a siete, y que había otros cinco que aguardaban la misma suerte. Además, Cristóbal había ordenado que le cortaran la lengua a una mujer que hablaba mal de él. Bobadilla se horrorizó de que aquello se hiciera en nombre de los reyes de España y procedió a hacerse cargo de la situación.

Nada más desembarcar, se dirigió a la iglesia a asistir a una misa, al entrar se encontró con Diego Colón, el único de los hermanos que se encontraba en la ciudad. Inmediatamente, ordenó a un escribano que le leyera sus credenciales y le ordenó que le entregara los presos. Como Diego se negó, Bobadilla esperó al día siguiente y, tras la misa diaria, hizo leer a los reunidos la cédula real que le nombraba gobernador de La Española. Una vez más, ordenó a Diego que le entregara los presos y, al negarse este de nuevo, ordenó ponerle grilletes en manos y pies, y lo hizo prisionero. A continuación, exigió al alcalde de Santo Domingo que le entregara el mando de la ciudad, y como este, temiendo la ira de Colón, se negó a entregársela, dio a las tropas que había traído de España la orden de asaltar la fortaleza, algo que hicieron con facilidad.

El 3 de mayo de 1500, Bobadilla publicó una provisión real dada en Sevilla, la cual ordenaba que se pagasen los sueldos atrasados, con cargo al quinto real, a todos los españoles que estaban al servicio de los reyes. También ordenaba a Cristóbal que pagara todos los sueldos que debía a sus sirvientes, pero con cargo a los bienes del almirante. Estas medidas acabaron de poner a los colonos de su lado. A continuación, Bobadilla envió a Cristóbal una copia de las órdenes reales que había traído de España. Este le respondió por carta negándose a someterse a su autoridad, alegando que Bobadilla solo era comendador[4] y juez, mientras que él era virrey y gobernador general. Sin embargo, a pesar de su recelo y viendo que Bobadilla se había hecho con el control de la

4 Comendador: Caballero que tiene encomienda en alguna de las órdenes militares o de caballería.

situación, Cristóbal y su hermano Bartolomé no tuvieron más remedio que regresar a Santo Domingo, donde fueron apresados de inmediato con grilletes y llevados a prisión, sin que Bobadilla se dignase a hablar con Cristóbal ni le permitiera defensa alguna. También le confiscó todo el oro, los mapas, los diarios y otros bienes personales, excediéndose así de lo encargado por los reyes.

Al principio, Cristóbal no podía creer que aquello le estuviera sucediendo. Pero a medida que los grilletes y las cadenas le rozaban las muñecas y los tobillos, se vio obligado a aceptar que él, almirante de la Mar Océana y gobernador y virrey de las islas que había descubierto en las Indias, era tratado como un vulgar delincuente. Estaba seguro de que tan pronto hablara en persona con la reina Isabel, todo se arreglaría. La reina comprendería, mejor que nadie en el mundo, sus buenas intenciones y el horror de su situación actual.

Cristóbal no tardó en lograr su deseo. Bobadilla decidió enviar a los tres hermanos Colón de vuelta a España para ser juzgados por tres cargos: la violencia y las muertes ocurridas bajo su liderazgo, negarse a bautizar a los indios para así poder tomarlos por esclavos y un presunto intento de reunir a españoles e indios para alzarse contra el comendador.

Bartolomé fue embarcado en una carabela, y Cristóbal y Diego en otra. Cristóbal experimentó una fuerte ansiedad durante la mayor parte del viaje de vuelta a España. Los grilletes herían la carne de sus muñecas y tobillos, y aunque el capitán del barco se ofreció desde el primer momento a quitárselos, Cristóbal solo accedió a que le liberaran las manos, para así poder escribir durante el viaje.

—Es por orden de los soberanos que me han encadenado, y llevaré los grilletes hasta que los propios soberanos ordenen que me los quiten —dijo al capitán.

Las naves realizaron una rápida travesía y llegaron a Cádiz a finales de octubre de 1500. Cristóbal desembarcó del barco con sus grilletes y fue llevado a un monasterio de Sevilla, mientras el rey y la reina decidían qué hacer con él.

Mientras surcaban el océano, Cristóbal había escrito a la reina Isabel para contarle su versión de los hechos. Estaba seguro de que ella lo entendería. Le contó la humillación que había sufrido al ser devuelto a España con grilletes y le pidió que castigara a los hombres rebeldes de La Española que habían conspirado contra su liderazgo y el de sus hermanos, causándoles muchos problemas y dolores de cabeza. Al fin y al cabo, se había esforzado por defender los derechos de sus altezas en La Española. También señaló que, al igual que la reina, él era un fiel servidor de Dios:

> Nuestro Señor me hizo su mensajero y me mostró el camino hacia el nuevo cielo y la nueva tierra.

...declaró Cristóbal. Y terminaba su carta diciendo:

> Dios Nuestro Señor sigue siendo poderoso, y al final castigará todo, especialmente a los ingratos y sus injurias.

Cristóbal sabía que, si enviaba su carta directamente a la corte real, era poco probable que llegara a manos de la reina Isabel. Muchos cortesanos reales lo despreciaban y sabía que si su mensaje pasaba por ellos no lo transmitirían. Por lo tanto, dirigió su carta a Juana de Torres, nodriza de uno de los hijos de Fernando e Isabel, el infante Don Juan. Juana era también hermana de Antonio de Torres, capitán de una de las naves del segundo viaje a las Indias. Tenía una buena relación con la reina y se comprometió a hacer llegar en privado a Isabel la carta de Cristóbal.

Durante su estancia en el monasterio, Cristóbal recibió la noticia de que su carta había conmovido a Fernando e Isabel, que se compadecían del trato que había recibido y por haber sido devuelto a España con grilletes. En su respuesta, ordenaban su liberación y enviaban a Cristóbal dos mil ducados para que se comprara ropa nueva y pudiera «presentarse en la corte en un estado acorde con una persona de su rango».

Cristóbal se alegró de que al fin le quitaran los grilletes de los tobillos. Pero, aunque hubieran desaparecido, le habían dejado profundas cicatrices que le recordarían el resto de su vida el humillante trato recibido. No obstante, ahora era libre y comenzó a hacer los preparativos para ir a Granada, donde se encontraba la corte real, y comparecer ante Fernando e Isabel.

Capítulo 14

Contratiempos y frustraciones

Cuando, el 17 de diciembre del 1500, Cristóbal llegó a la corte real de Granada para una audiencia con el rey y la reina, sus dos hijos, Diego y Hernando, apenas le reconocieron. Cristóbal comprendió por qué. En el tiempo que había estado fuera había envejecido mucho más allá de sus cuarenta y nueve años. Su pelo era ya completamente cano, su rostro estaba profundamente arrugado y sufría problemas de artritis y de gota que le provocaban dolores al caminar. Aun así, padre e hijos disfrutaron de un cálido reencuentro, mientras Cristóbal les relataba los problemas que le habían sobrevenido.

Finalmente, Cristóbal fue conducido ante los reyes. Pero, mientras que en anteriores audiencias Cristóbal se había mostrado efusivo ante sus Altezas, esta vez permaneció en silencio. Por alguna razón, no lograba encontrar las palabras adecuadas. En lugar de ello, se sintió abrumado por las pruebas y tribulaciones que había sufrido desde la última vez que se vieron. Casi mudo, Cristóbal se arrodilló y lloró desconsoladamente. Tras varios minutos, Isabel le pidió que se levantara y hablara con ellos.

Cristóbal se incorporó tambaleándose y empezó a desgranar sus penas. Contó al rey y a la reina la humillación de haber sido arrestado y encadenado por Francisco de Bobadilla en La Española, isla de la que había sido nombrado gobernador y virrey por sus majestades. También enumeró otros agravios que Bobadilla le había infligido, como la confiscación de su oro, dinero y otras posesiones personales, así como las de sus hermanos. Señaló que siempre había sido un leal servidor del rey y de la reina, y exigió que castigaran a Bobadilla por sus acciones, y que él fuera restituido a su legítimo título de virrey.

Fernando e Isabel escucharon atentamente a Cristóbal, y aunque lo consolaron con palabras cariñosas y le mostraron su compasión y agradecimiento por los servicios prestados, no respondieron a sus peticiones inmediatamente. Le informaron que necesitaban tiempo para reflexionar respecto a todo lo que les había contado.

Pasaron varios meses hasta que Cristóbal fue convocado de nuevo a la corte real. Pero la respuesta de Fernando e Isabel no fue exactamente la que Cristóbal esperaba. El rey y la reina anunciaron que le permitían conservar los títulos de gobernador y virrey. También le permitían seguir recibiendo los ingresos acordados por el comercio con las islas que había descubierto. Sin embargo, se negaban a castigar a Bobadilla por sus acciones en La Española, ya que lo habían enviado como su representante. No obstante, habían decidido destituirlo como gobernador de la isla. También comunicaron a Cristóbal que habían nombrado a Nicolás de

Ovando como nuevo gobernador. Ovando no tardaría en zarpar hacia La Española con una flota de treinta y dos naves y dos mil quinientos hombres, para tomar posesión de su nuevo cargo. Como concesión a Cristóbal, accedieron permitirle enviar un representante a La Española en la flota de Ovando, con una provisión real en la que se le autorizaba para recuperar y devolver a España todos los bienes y propiedades sustraídos a Cristóbal y sus hermanos en el momento de la detención.

Cristóbal se sintió decepcionado por la decisión de los reyes. Había estado muy seguro de que lo reivindicarían del todo, pero no fue así. Bobadilla quedaba sin castigo. Aunque Fernando e Isabel no se lo habían dicho, Cristóbal se enteró de que en la corte real se le consideraba irrelevante, y ya no se contaba con él para proseguir la exploración de las Indias. Otros exploradores habían viajado al norte y al sur de las islas por él descubiertas, y encontrado vastas masas de tierra. Muchos geógrafos postulaban ahora que las Indias eran en realidad un continente enorme y no descubierto hasta entonces. Además, los nuevos exploradores españoles estaban demostrando ser más hábiles que Cristóbal en la exploración de las Indias, las que él consideraba sus Indias.

En ese momento, aquello ya no le importaba, Cristóbal había decidido no intervenir más en los asuntos de las Indias, delegándolos todos en su hijo primogénito Diego. Pensaba que si los servicios que había hecho a los reyes no bastaban para que se castigara a los que lo habían ofendido, tampoco serían suficientes los que realizara en el futuro. Su principal misión, demostrar que había tierra firme e islas en occidente y que podía llegarse hasta allí navegando, ya la había cumplido.

Cristóbal estaba al tanto de los descubrimientos de los nuevos exploradores e incluso había visto nuevos mapas que dibujaban un gran continente desconocido al norte, al sur y al oeste de las islas que él había descubierto. Pero ninguno de ellos había ido más al oeste. De hacerlo, descubrirían que él tenía razón. Al fin y al cabo, había estudiado los escritos de los antiguos filósofos y geógrafos, y ninguno de ellos decía nada sobre la existencia de un gran continente desconocido. Sus propios cálculos de la circunferencia de la Tierra sólo dejaban una posibilidad: el lugar donde decían que se encontraba este nuevo continente, estaba allí donde estaba situado el borde del continente asiático. Sólo hacía falta explorar más hacia el oeste y se demostraría que él tenía razón. Además, ¿no le había guiado Dios hacia las riquezas y bondades de Oriente y hacia el reino cristiano del Preste Juan? Dios no podía haberlo guiado a otro lugar, a un continente aún no explorado ni documentado.

Por entonces, el interés de Cristóbal se había desviado a asuntos muy distintos. Comenzó a reunir material para un libro, que llamaría *Libro de las profecías*. Sería una antología de textos bíblicos y citas de padres de la iglesia en el que se demostraría que estaba predestinado a descubrir las Indias. Dicho descubrimiento habría tenido el fin de evangelizar a sus pobladores y conseguir el oro necesario para un objetivo aún mayor: reconquistar la ciudad de Jerusalén de manos de los musulmanes para que la cristiandad tuviera acceso de nuevo al Santo Sepulcro. Cristóbal comenzó a escribirlo con ayuda del Padre Gorricio, un monje cartujo[1] con el que había hecho amistad.

1 Cartujo: Integrante de la Orden de la Cartuja, fundada en Francia en su rama masculina en 1086, por san Bruno, y en su rama femenina en 1229.

Para su sorpresa, poco después de su entrevista con los reyes, a inicios de 1501, Cristóbal recibió una petición de los reyes para que se embarcara de nuevo rumbo a las Indias. Según los monarcas, era necesario que realizara algún viaje que les reportara provecho, mientras Ovando lograba apaciguar la situación en La Española. Aquello le sorprendió mucho. La carta de los reyes le desviaba de sus nuevos intereses. Por otro lado, le ofrecía la oportunidad de reivindicar su visión de los descubrimientos realizados hasta entonces en las Indias, y de encontrar un estrecho que le permitiera llegar a las Islas de las Especias y al Océano Índico. Además, él mismo había escrito un año antes a los reyes animándolos a que otras personas prosiguieran las exploraciones, empleando estas palabras literales:

> Es necesario continuar, porque en verdad, si no es hoy será mañana cuando se descubrirá algo importante.

Cristóbal, que tenía el deseo de recuperar del todo el respeto de los reyes, y muy especialmente la estima de la reina Isabel, creía haber sido siempre sincero en las cartas que les había dirigido, y se sintió atado por sus propias palabras. Tras meditarlo, tomó la decisión de aceptar el encargo.

Rápidamente, salió de Granada rumbo a Sevilla para prepararlo todo. Nada más llegar, solicitó cuatro navíos con provisiones para dos años de exploración, que le fueron concedidos rápidamente. Sus naves serían la Santa María, el buque insignia, que sería capitaneado por Diego Tristán, compañero de Cristóbal durante su segundo viaje; la Gallega, capitaneada por Pedro de Terreros, que había navegado con Cristóbal en los tres viajes anteriores; la Santiago, al mando de

Francisco Porras; y la Vizcaína, al mando de un capitán genovés, Bartolomé Fieschi. Cristóbal confiaba en todos los capitanes, excepto en Francisco Porras, a quien el rey había ordenado incluir en el viaje, y que viajaba con un hermano, Diego Porras. Francisco Porras nunca había capitaneado un barco, y su hermano parecía criticar casi todas las órdenes de Cristóbal. A él le preocupaba que los dos hermanos fueran desleales en caso de emergencia, pero como habían sido incluidos en el viaje porque así se lo había solicitado al rey un alto funcionario de la corte, Cristóbal no podía hacer gran cosa al respecto.

En lugar de obsesionarse con los hermanos Porras, Cristóbal dedicó sus energías a enrolar una tripulación. Como era más difícil que nunca atraer a hombres adultos a la empresa, acabó enrolando a un gran número de grumetes y escuderos. De los 140 integrantes, buena parte tenían entre 13 y 20 años. Jamás había viajado Cristóbal con una tripulación tan joven. Entre ellos estaba Hernando Colón, que a la sazón tenía trece años y se ofreció a navegar con su padre. Cristóbal también consiguió convencer a su hermano Bartolomé para que volviera a navegar con él, a pesar de las dificultades que ya había sufrido en las Indias.

Mientras terminaba de preparar las armas y vituallas necesarias para el viaje, tuvo tiempo de sentir una punzada en el corazón cuando, el 13 de febrero de 1502, Nicolás de Ovando y su flota de barcos zarparon con gran fanfarria desde Cádiz hacia La Española. Cristóbal no pudo evitar pensar que podría haber sido él quien estuviera en la cubierta del buque insignia, saludando a una multitud que lo aclamara desde la orilla.

Antes de partir, Cristóbal hizo testamento, nombró representante de todos sus intereses ante la corte a su hijo Diego y le encargó que entregara diez mil maravedíes anuales a Beatriz, para que pudiera mantenerse.

La cuarta expedición de Cristóbal a las Indias zarpó del puerto de Cádiz el 9 de mayo de 1502. Su misión era similar a la de los tres viajes anteriores: encontrar la tierra firme de Catay. Sin embargo, esta vez Cristóbal había recibido instrucciones estrictas sobre adónde no ir. Los reyes le advirtieron que no debía visitar La Española, a menos que fuera una cuestión de vida o muerte. No querían que su presencia causara problemas en aquel lugar.

Aunque Cristóbal estaba descontento por no poder volver a La Española, lo que más obsesionaba a Cristóbal era obtener las riquezas necesarias para poder liberar Tierra Santa. Por eso, sus esperanzas estaban puestas en descubrir el estrecho que llevaba de las Indias al Océano Índico. Ante la posibilidad de que encontrara ese estrecho y diera la vuelta al mundo para regresar a España, el rey y la reina habían redactado una carta de presentación dirigida al explorador portugués Vasco da Gama. Fernando e Isabel pensaban que podía ocurrir que las flotas de los dos exploradores se encontraran en algún lugar del Océano Índico.

Durante el viaje de ida, las cuatro pequeñas carabelas tuvieron vientos constantes. A pesar de la inexperiencia de la tripulación, cruzaron la Mar Océana en veintiún días, la travesía más rápida que Cristóbal había realizado hasta entonces. La pequeña flota arribó a tierra en la isla de Martinica, y todos desembarcaron para bañarse y lavar sus ropas en los arroyos de agua dulce de la isla.

Mientras descansaban, Cristóbal miró hacia el noroeste, hacia La Española. Se preguntó cómo le iría a Nicolás de Ovando como nuevo gobernador de la isla, y qué barcos estarían anclados en el puerto de Santo Domingo. La Santiago había demostrado ser un barco difícil de manejar durante la travesía de la Mar Océana, y Cristóbal contempló la posibilidad de ir a Santo Domingo y cambiarla por una embarcación más ágil en la que poder continuar su exploración. Por otro lado, se dijo a sí mismo, tenía que enviar una carta a los reyes, para hacerles saber que las cuatro carabelas habían llegado sanas y salvas a las Indias, y la única manera de hacerlo era visitar La Española. Cristóbal no tardó mucho en convencerse a sí mismo de que debía tomar ese rumbo, y el 29 de junio ordenó levar anclas y dirigirse hacia su amada isla.

Un día después, Cristóbal tenía serias dudas. No sobre su destino, sino sobre el tiempo que hacía. El mar había adquirido un aspecto aceitoso y le dolían las articulaciones a causa de la artritis, signos inequívocos de que se avecinaba una tormenta. ¿Pero de qué magnitud sería? Cristóbal había soportado dos huracanes en las Indias y, mientras observaba las olas y las nubes, estaba seguro de que estaba a punto de encontrarse con el tercero. Se dijo a sí mismo que ahora sí que era una cuestión de vida o muerte llegar al refugio de La Española.

Cuando llegaron, Cristóbal ordenó que las naves anclaran a las afueras del puerto de Santo Domingo. A continuación, envió a tierra a Pedro de Terreros, su capitán más veterano, a solicitar permiso para entrar en el puerto y refugiarse del huracán que se avecinaba. También le entregó a Pedro una carta dirigida a Nicolás de Ovando, advirtiéndole de que se aproximaba el huracán y aconsejándole que no dejara salir ningún barco del puerto hasta que pasara la tormenta.

Cuando Pedro regresó al barco, Cristóbal apenas podía creer que Ovando le hubiera negado el permiso para entrar en el puerto y buscar refugio de la tormenta. Además, informó Pedro, el gobernador había ridiculizado la idea de que Cristóbal pudiera predecir el tiempo que iba a hacer. Incluso había leído en voz alta de forma despectiva a sus compañeros la carta de Cristóbal en la que se le advertía de la tormenta, mientras ellos reían a carcajadas. Y, por si fuera poco, una flota de treinta navíos partía esa tarde hacia España, y Ovando se negaba a retrasar su partida.

Asombrado, Cristóbal se hizo a la mar en busca de refugio contra el huracán que se avecinaba. Lo encontró cerca de la desembocadura del río Jaina, a poca distancia al oeste de Santo Domingo. Cristóbal ordenó a sus capitanes que cerraran las escotillas de sus barcos y doblaran la sujeción de las anclas. Él y sus capitanes también idearon un plan de contingencia, para el caso de que los cuatro barcos se separaran durante la tormenta. Si eso ocurría, debían navegar hasta el Puerto Viejo de Azúa, a ochenta kilómetros al oeste.

A las pocas horas, los vientos habían alcanzado la fuerza de un vendaval, azotando despiadadamente la superficie del mar y zarandeando las cuatro carabelas como si fueran de corcho. A medida que pasaban las horas, la intensidad del viento aumentaba, al igual que la ferocidad del océano. El cielo era plomizo, los relámpagos zigzagueaban sobre ellos y la lluvia caía a cántaros. La tormenta tenía petrificada a la tripulación y Cristóbal trató de calmar sus temores. Había perdido la cuenta de cuántas horas llevaba azotándolos la tempestad cuando se rompió el cabo de ancla de la Santiago, seguido poco después por los cabos de ancla de la Gallega y la Vizcaína. Las tres carabelas se separaron y se adentraron en el mar, desapareciendo de la vista en la tenebrosa penumbra. Cristóbal ordenó a la tripulación de la Santa María que revisara los cabos del ancla y que hiciera todo lo necesario para evitar que se rompieran. La tripulación tuvo éxito y, cuando la tormenta empezó a amainar, el barco seguía anclado frente a la desembocadura del río Jaina.

Cristóbal y sus hombres no tardaron en darse cuenta de que había restos flotantes en la superficie del océano. Se temió lo peor, y esos temores se confirmaron con la llegada de un mensajero de Santo Domingo. El huracán había golpeado a la flota de barcos que se dirigían a España mientras navegaban por el paso de la Mona, entre el extremo oriental de La Española y la isla Puerto Rico. El resultado fue desastroso. Diecinueve barcos se hundieron con todos sus tripulantes, sin que hubiera supervivientes. Otros seis barcos también naufragaron, pero algunos de sus marineros lograron salvarse. Otros cuatro consiguieron volver a Santo Domingo muy dañados; y un barco, el Aguja, había superado la tormenta y continuaba hacia España. Cristóbal se enteró de que Alonso Sánchez Carvajal se encontraba a bordo de dicho barco. Carvajal era el agente que Cristóbal había enviado a La Española para recuperar el oro y otras posesiones que Francisco de Bobadilla les había confiscado a él y a sus hermanos. El Aguja sería la única nave que lograría llegar a España.

Cristóbal respiró aliviado. Entonces se enteró de otra noticia sorprendente. Todo el resto del oro recogido en La Española, que había sido cargado a bordo del buque insignia de la flota que regresaba, se había ido al fondo del océano junto con el barco siniestrado. También viajaban a bordo del buque insignia los dos hombres que tantos problemas les habían causado a él y a sus hermanos en La Española, Francisco de

Bobadilla y Francisco Roldán. Según le dijeron, ambos se habían ahogado al hundirse el barco a consecuencia del huracán, aunque más tarde se descubrió que Roldán se había salvado. En total se habían perdido quinientas vidas.

A pesar de la tragedia, Cristóbal se sintió vindicado. Su oro se dirigía sano y salvo a España, mientras que sus maltratadores y sus tesoros yacían perdidos en el fondo del océano. Sin embargo, Cristóbal estaba resentido con Ovando por no permitirle refugiarse en el puerto de Santo Domingo. En una carta dirigida a Fernando e Isabel se quejaba de la decisión del gobernador, diciendo:

> ¡Qué hombre jamás nacido, sin exceptuar a Job, no se habría muerto de desesperación cuando en semejante circunstancia, buscando la seguridad de hijo, hermano, compañeros de barco y de mí mismo, se nos prohibió la tierra y el puerto que yo, por voluntad de Dios y sudando sangre, gané para España!

Tras terminar la carta a sus majestades, Cristóbal zarpó en la Santa María hacia el oeste, en dirección al Puerto Viejo de Azúa, donde esperaba conocer la suerte de los otros tres barcos de su flota. Su corazón se estremeció cuando su nave entró en el pequeño puerto, el domingo 3 de julio, y los otros tres barcos no estaban allí. Pero recobró el ánimo cuando, al cabo de varias horas, las tres carabelas llegaron al puerto con historias estremecedoras sobre cómo habían superado el huracán.

Las cuatro permanecieron ancladas en el Puerto Viejo de Azua durante una semana, preparando la siguiente etapa de su viaje. A continuación, zarparon hacia el oeste, pasando por las costas del sur de

Yamaye (Jamaica) y Colba, para poner rumbo a mar abierto. El 13 de julio de 1502, tras tres días de navegación, llegaron a una isla. Los barcos anclaron frente a ella y Bartolomé Colón llevó a un grupo de hombres a tierra. A su regreso, explicó a Cristóbal que sus habitantes tenían una civilización mucho más avanzada que la de los nativos del otro lado del mar. Aquella gente tejía y trabajaba con herramientas de cobre. No iban desnudos, sino que vestían túnicas teñidas de vivos colores. Además, los hombres iban armados con hachas de combate y espadas con filo de pedernal. También viajaban en enormes piraguas, muchas de ellas provistas de camarotes cerrados. Sin saberlo, acababan de establecer contacto con indios de la avanzada cultura maya.

Cristóbal quedó encantado con lo que estaba escuchando. Aquellas gentes eran más parecidas a las que él había esperado encontrar en las Indias. Eso sólo podía significar que estaba en lo cierto: se encontraban cerca de la tierra firme de Asia.

Como había previsto, los barcos siguieron su camino y pronto llegaron a la costa de un vasto territorio continental. Cristóbal dio la orden de que los barcos siguieran la línea de costa en dirección sur. Pensaba que pronto se demostraría que tenía razón: no tardaría en encontrar el estrecho que les conduciría al Océano Índico.

Cuando las cuatro carabelas comenzaron a recorrer la costa se vieron envueltas en una enorme tormenta. Durante los siguientes veintiocho días, los barcos fueron azotados por fuertes vientos de proa, mares embravecidos y lluvias torrenciales. Para colmo, en esta parte de la costa no había puertos donde refugiarse por la noche. En lugar de ello, los barcos se vieron obligados a fondear en mar abierto, tensando los cabos de sus anclas mientras el oleaje los hacía cabecear y balancearse, lo que hizo que la vida a bordo fuera extremadamente incómoda para todos.

No pasó mucho tiempo antes de que la tripulación empezara a perder la esperanza de sobrevivir al viaje. Empezaron a rezar y a hacer votos para peregrinar si Dios les ayudaba a superar la tormenta. Pero la tempestad persistía y la tripulación le rogaba a Cristóbal que diera la vuelta y se dirigiera a La Española. Sin embargo, Cristóbal pensó que había llegado demasiado lejos como para dar marcha atrás, así que decidió que la flota siguiera adelante. Al navegar contra la tormenta el progreso fue lento y, en los veintiocho días que estuvieron atrapados en sus garras solo recorrieron doscientos setenta kilómetros.

Además, la tormenta hizo mella en la salud de Cristóbal y de buena parte de las tripulaciones. Las constantes sacudidas del barco agravaron su artritis y su gota, y las profundas cicatrices provocadas por los grilletes durante su arresto se abrieron y empezaron a sangrar. A veces sangraban tanto que Cristóbal temía morir. No murió, pero se debilitó tanto que la tripulación le construyó en la cubierta de popa una pequeña estructura, similar a la caseta de un perro, en la que podía sentarse, ver lo que ocurría y dar órdenes.

Finalmente, el 14 de septiembre, los barcos llegaron a un punto en el que la costa giraba más directamente hacia el sur. Al rodear la punta, Cristóbal lo bautizó como cabo Gracias a Dios. Una vez rodeado el cabo, navegaron casi directamente hacia el sur y ya no tuvieron que luchar ni contra el fuerte viento de proa ni contra la corriente.

A medida que avanzaban, los barcos hacían paradas periódicas, a menudo cerca de las desembocaduras de los ríos, donde grupos de marineros bajaban a tierra para explorar. Estos regresaban diciendo que habían visto pumas, ciervos, monos y cocodrilos. También informaron de que los indios de la zona eran diferentes de aquellos que vestían túnicas llamativas. Estos indios eran más parecidos a los de La Española, se pintaban la cara de rojo y negro, y se perforaban las orejas.

En una de estas paradas, cuando las carabelas estaban ancladas frente a la desembocadura de un río, Cristóbal envió un bote a tierra para reponer la provisión de agua dulce. Cuando el bote cruzaba la barra de la embocadura del río una ola lo inundó y dos de los hombres que iban a bordo se ahogaron. Cristóbal bautizó aquel curso de agua como río de la Desgracia.

Cada vez que se detenían, Cristóbal preguntaba a los nativos si conocían el estrecho que buscaba. En una ocasión le hablaron de un estrecho que desembocaba en un vasto mar. Cristóbal siguió entusiasmado las indicaciones de los indios y encontró el estrecho; era lo suficientemente grande como para que los barcos navegaran por él. Pero no conducía al océano Índico, sino a una gran laguna interior de agua salada. Decepcionado, prosiguió su exploración a lo largo de la costa.

Poco después de encontrar la laguna, los exploradores llegaron a una zona a la que los nativos llamaban Veragua. En aquella región, los indios se adornaban el pecho con discos de oro. Algunos llevaban también alrededor del cuello amuletos dorados en forma de pájaro. Los indios intercambiaron de buen grado los discos de oro y los amuletos con los españoles. Entregaban cada pieza a cambio de dos campanas de cetrería que apenas valían nada. También informaron a Cristóbal que los objetos de oro que llevaban estaban hechos con pepitas que ellos mismos extraían con sus cuchillos de las laderas de los montes.

Cristóbal lo anotó en su cuaderno de bitácora[2], como recordatorio de que debía volver a explorar esta región. Por el momento, su misión era encontrar el codiciado estrecho que conducía al Océano Índico. Le sorprendía no haberlo descubierto todavía. La península malaya resultaba ser más larga de lo que había pensado. Pero, a medida que avanzaba por la costa, su esperanza de encontrar el estrecho se fue desvaneciendo. Los indios le dijeron que la tierra por la que navegaba era un istmo angosto, y que no había ningún río o estrecho que lo dividiera para que un barco pudiera navegar, desde ese océano, hasta el que se encontraba al otro lado.

Con esta información, Cristóbal, decepcionado, decidió dar la vuelta y seguir explorando la región de Veragua. Las cuatro carabelas volvieron a recorrer la costa mientras Cristóbal buscaba un lugar apropiado para establecer un puesto comercial. Lo encontró en la desembocadura de un río al que llamó río de Belén. La barra de la desembocadura del río tenía suficiente agua para que las cuatro carabelas pudieran cruzarla y, el 6 de enero de 1503, las naves echaron el ancla en la pequeña ensenada situada detrás de ella.

Al principio, los indios de la zona se mostraron amistosos con los españoles, proporcionándoles comida y, por supuesto, oro. Pero Cristóbal notó un cambio en su actitud cuando empezaron a construir el puesto comercial, hasta que se volvieron abiertamente hostiles.

A medida que los trabajos de construcción llegaban a su fin, el nivel del río comenzó a descender.

---

2 Cuaderno de bitácora: Libro en que se apunta el rumbo, velocidad, maniobras y demás accidentes de la navegación.

Tres de las carabelas, la Santa María, la Santiago y la Vizcaína, tuvieron que ser arrastradas por encima de los bajíos de vuelta al mar, no fuera que el nivel del río descendiera tanto que quedaran completamente encalladas. Decidieron dejar a la Gallega en la ensenada, donde había permanecido anclada durante tres meses. Esta embarcación debía quedarse como fortaleza flotante para los que se quedaran a atender el nuevo puesto comercial, que Cristóbal bautizó con el nombre de Santa María de Belén.

El plan de Cristóbal consistía en dejar allí a su hermano Bartolomé y a veinte hombres a cargo de aquel puesto. Cristóbal se dirigiría entonces a La Española para llevar a cabo algunas reparaciones muy necesarias en los barcos y para cargarlos con provisiones que llevar al puesto comercial. Los indios realizaron varios pequeños ataques a los españoles y a su nuevo puesto. Para asegurarse de que no atacaran mientras él estaba fuera, Cristóbal ordenó a sus hombres que desembarcaran y capturaran a treinta rehenes indios que llevaría consigo a La Española. Si los indios locales se mostraban serviciales durante su ausencia, los rehenes serían liberados a su regreso. Estos fueron cargados en la bodega de la Santa María. Al día siguiente, mientras los marineros se despedían de los que se quedaban, los indios atacaron de nuevo, matando a varios de los españoles e hiriendo a Bartolomé. Cristóbal ordenó al resto de su tripulación que bajara a tierra para ayudar en la lucha, pero los indios eran muy superiores en número a los españoles.

Con los marineros en tierra, los rehenes indios que estaban en la bodega del barco decidieron que preferían morir antes que ser llevados como rehenes por los españoles, así que se ahorcaron. Cuando Cristóbal se enteró de que todos los nativos estaban muertos, se dio cuenta de que se encontraba en una posición imposible. Sin rehenes y con sus hombres luchando contra una fuerza numéricamente muy superior, la única opción era la retirada. Cristóbal se consoló con la idea de que más adelante podía volver con más hombres y recuperar el puesto comercial.

Un voluntario nadó hasta la orilla desde la Santa María y dio la orden de abandonar el puesto de Santa María de Belén y la carabela la Gallega, y retirarse a los demás barcos. Los hombres que estaban en tierra se apresuraron a construir una balsa y comenzaron a trasladarse a las tres carabelas. Cuando todos estuvieron a bordo, Cristóbal dio la orden de levar anclas y zarpar.

Cristóbal sabía que tenía que llegar a La Española tan rápido como pudiera. Sus barcos estaban en mal estado. Los teredos, o gusanos de barco, unos moluscos que perforaban la madera de los cascos, se habían adherido a las tres carabelas. Habían penetrado tanto en ellos que las naves tenían graves filtraciones y, por mucho que achicaban agua, no lograban contrarrestar el ritmo al que se inundaba el interior de las naves. Pronto se hizo evidente que la Vizcaína no iba a lograrlo. Su casco estaba demasiado carcomido y se hundía rápidamente. Cristóbal ordenó abandonarlo y repartir su tripulación entre la Santa María y la Santiago. A continuación, ambas carabelas se dirigieron al norte, hacia Santo Domingo. Sin embargo, Cristóbal había calculado mal su posición, pensando que se encontraban en el mismo meridiano que La Española. Así que, cuando llegaron a las costas de Colba, supo que se habían metido en un buen lío. Ordenó virar hacia el este y trató de avanzar a toda velocidad hacia Santo Domingo. Pero los barcos se hundían demasiado rápido, y comprendió que no lo lograrían.

Tenía que actuar rápidamente, así que dio la orden de que las dos agujereadas carabelas se dirigieran hacia el sur, rumbo a Yamaye (Jamaica).

Cristóbal se sintió inmensamente aliviado cuando ambos barcos entraron en la bahía de Santa Gloria, en la costa norte de Yamaye. Las carabelas eran incapaces de seguir navegando y Cristóbal ordenó que la Santa María y la Santiago quedaran varadas una al lado de la otra. Se habían salvado de un naufragio, pero se encontraban abandonados en Yamaye y ninguna persona del mundo exterior sabía dónde estaban.

Capítulo 15

De nuevo en casa

Para que los barcos se mantuvieran firmes en la playa, en pie sobre la quilla, Cristóbal ordenó apuntalarlos con maderos. También mandó construir unas cabañas de paja de palma en los castillos de popa y de proa, para que los dos cascos siniestrados sirvieron de hogar y fortaleza de los navegantes aislados. Cerca de allí había un gran y amistoso poblado indio, pero Cristóbal temía que los nativos no siguieran siendo tan amistosos si los españoles se mezclaban con ellos, y surgían los habituales malentendidos. Por eso, dio órdenes estrictas a sus hombres de permanecer en los barcos o en la playa, y no acercarse al poblado. No obstante, envió a negociar con los indios a Diego Méndez, que había demostrado ser uno de los hombres más competentes de la expedición.

Rápidamente, Diego elaboró un plan para que los indios suministraran alimentos a los españoles. Los indios recibirían dos cuentas de vidrio por cada hogaza de pan de yuca que suministraran; dos puntas de encaje a cambio de dos hutías, los grandes roedores que la tripulación de Cristóbal había comido en Colba durante su segundo viaje; y dos campanillas de cetrería por cualquier gran cantidad de pescado, maíz u otros artículos que suministraran. El sistema funcionó bien. Los indios estaban contentos con los artículos que recibían como pago, y la tripulación no se moría de hambre.

Una vez resuelto el problema del suministro de alimentos, Cristóbal dedicó su atención al problema de cómo salir de Yamaye (Jamaica). Las dos carabelas eran imposibles de reparar, y Cristóbal y sus hombres no tenían las herramientas necesarias para cortar madera y construir un nuevo barco. Al principio esperaron, confiando en que alguna nave pasara por la costa norte de Yamaye y viera las naves encalladas en la playa. Tras cuatro meses de espera, aquella posibilidad se les antojó cada vez más lejana, y tuvieron que recurrir a otro plan. Finalmente, decidieron que Diego Méndez y el genovés Bartolomé Fieschi tomaran dos canoas e intentaran llegar a la costa de La Española, y de allí a Santo Domingo, para conseguir ayuda.

Cada hombre llevó consigo a seis españoles y diez indios como remeros. El día de su partida, Cristóbal rezó para que tuvieran éxito. Desde su posición en Yamaye hasta el extremo suroeste de La Española había ciento setenta y cuatro kilómetros. Luego tendrían que recorrer otros cuatrocientos kilómetros a lo largo de la costa sur de la isla para llegar a Santo Domingo. Las posibilidades de que ninguna de las dos canoas lograra llegar eran grandes, pero Cristóbal sabía que tenían que arriesgarse.

Tras seis meses abandonados en Yamaye y sin saber si Diego y Bartolomé habían logrado llegar a

Santo Domingo, Cristóbal era consciente de que sus hombres empezaban a perder la esperanza. Hizo todo lo que pudo para mantener alta la moral de sus compañeros, pero tuvo que admitir que sus esfuerzos eran poco entusiastas, ya que él mismo tenía dudas sobre la posibilidad de salir de Yamaye. Su salud era precaria, contrajo la malaria, padecía gota y comenzó a sospechar que aquella isla se acabaría convirtiendo en su lugar de último reposo. Además, ignoraba que Francisco y Diego Porras, que habían conseguido asegurarse en secreto el apoyo de cuarenta y seis de los hombres, conspiraban para amotinarse contra él. Parte de los expedicionarios había llegado a la conclusión de que el motivo de que no vinieran a rescatarlos era que Cristóbal había sido desterrado, no solo de La Española, sino de la propia España. Pensaban que la gente de Santo Domingo no quería desobedecer a los reyes y estaba negociando con ellos. También creían que, como Cristóbal estaba tan enfermo que casi no podía moverse, y mucho menos navegar en canoa, se había conformado con la idea de soportar allí su destierro y no tenía intención de moverse de la isla. El motín comenzó el 2 de enero de 1504, cuando Francisco de Porras subió al castillo de popa de la Santa María e irrumpió en el camarote donde reposaba Cristóbal, que casi no podía caminar a causa de los dolores que le provocaba la gota.

—Parécenos, Señor, que no queréis ir a Castilla, sino que preferís que estemos aquí perdidos —dijo Francisco de Porras.

—Ya veis que es imposible que todos salgamos de aquí hasta que nos envíen carabelas. Más quisiera yo poder salir de aquí, pero estoy obligado a dar cuenta a los reyes no solo de mí, sino de todos los que me acompañan —respondió Cristóbal con blandura, intentando aplacar la insolencia de su subordinado.

—¡Ya basta de palabras! ¡Si no embarca vuesa merced ahora mismo con nosotros, que Dios lo acompañe! ¡Yo me voy a Castilla con los que quieran seguirme! —exclamó Francisco dándole la espalda.

En ese momento, a los gritos de «¡Yo con él, yo con él» y «¡A Castilla, a Castilla!», los rebeldes asaltaron los dos barcos siniestrados, robaron diez canoas que los españoles habían comprado a los indígenas, capturaron a varios indios para que las remaran y casi todos los hombres que no estaban enfermos a causa de las penalidades padecidas hasta entonces, partieron hacia el este a lo largo de la costa con la esperanza de llegar a La Española.

Algún tiempo más tarde, Cristóbal se enteró de lo que había sucedido con los amotinados. Apenas se habían adentrado unos veinticuatro kilómetros en el mar cuando empezó a soplar un fuerte viento que les obligó a regresar a la costa. A medida que avanzaban, en un intento frenético por mantenerse a flote en medio del mar embravecido, arrojaron por la borda a los indios secuestrados para que hicieran de remeros. Hicieron dos intentos más de llegar a La Española, y en ambas ocasiones se vieron obligados a volver a Yamaye debido a las condiciones meteorológicas desfavorables. Finalmente, renunciaron a su plan, regresaron a duras penas a la bahía de Santa Gloria y acamparon en la selva, cerca de la playa, desde donde se dedicaron a hacer incursiones por la isla y robarles a los indios sus alimentos. Cristóbal hizo que sus hombres los vigilaran atentamente para que no provocaran más desórdenes.

Por entonces, otro problema afligía a Cristóbal. Los indios se habían cansado de suministrar alimentos a los españoles. Para empezar, habían visto como parte de ellos se sublevaba contra Cristóbal, por lo que empezaron a tenerlo en poco. Además, ya tenían más cuentas de vidrio, cascabeles de cetrería y puntas de encaje de las que hubieran soñado. Por otro lado, los indios estaban acostumbrados a trabajar cada día solo lo necesario para su propio sustento y se quejaban de que un español comía tanto al día como diez o veinte indios, por lo que se les hacía muy gravoso trabajar para proveerlos con abundancia. Así pues, los indios fueron reduciendo cada vez más la provisión de alimentos y los leales a Cristóbal pasaban hambre. Ante esa situación, pensaron en atacar a los indios y tomarles algunas provisiones por la fuerza, pero se encontraban demasiado enfermos. Además, eran pocos, y habrían tenido que dejar al almirante Cristóbal solo, pues este apenas podía ya moverse. Sorprendentemente, Cristóbal encontró un modo de resolver el problema y que los indios volvieran a darles lo que necesitaban.

Cristóbal llevaba consigo un almanaque que predecía un eclipse total de luna para la última noche de febrero de 1504. Ese día Cristóbal convocó al cacique y a otros líderes del pueblo para una reunión. En la reunión les dijo a los nativos que Dios deseaba que les proporcionaran comida a los españoles, y que Dios no estaba contento con ellos porque ya no lo hacían. Por eso, Dios iba a enviarles una señal de su descontento en el cielo aquella misma noche. Cuando saliera la luna, les dijo Cristóbal, debían observarla con mucha atención, porque saldría muy enojada y de color sangre.

Efectivamente, tal y como había predicho el almanaque, aquella noche, al salir la luna por el horizonte, empezó a eclipsarse. No pasó mucho tiempo antes de que el aterrorizado cacique y los cabecillas de la aldea llegaran corriendo al barco. Llamando a Cristóbal, le rogaron que intercediera ante su Dios para que la luna volviera a brillar. Si lo hacía, le prometieron seguir enviando alimentos a los españoles. Cristóbal se retiró a su camarote, como si fuera a rezar, y solo volvió a salir cuando constató que la luna curva ascendente del eclipse estaba a punto de terminar. Les contó a los nativos que Dios les había tomado la palabra. Como habían prometido seguir entregándoles comida, Él haría que la luna volviera a brillar para ellos. Pronto, la luna comenzó a salir de la zona del eclipse y a iluminar el cielo nocturno. Los indios quedaron aterrorizados y asombrados por lo que había sucedido, y a partir de ahí no dejaron de entregar a Cristóbal y sus hombres aquello que necesitaban.

A finales de marzo de 1504, ya habían pasado más de nueve meses desde que Cristóbal y sus hombres habían quedado abandonados en Yamaye. Todavía no sabían si Diego y Bartolomé habían logrado llegar a Santo Domingo. Un día, de repente, apareció una pequeña carabela en la bahía de Santa Gloria y echó el ancla. Era el primer barco, a parte de los de su flota, que los hombres veían en casi dos años. La emoción se desbordó cuando un bote comenzó a remar hacia la orilla. ¡Estaban a punto de ser rescatados!

El entusiasmo de los hombres no tardó en desvanecerse cuando se enteraron de que Nicolás de Ovando no había enviado el barco para rescatarlos. El capitán de la nave, Diego de Escobar, les informó de que, como el comendador aún no podía enviarles un barco lo suficientemente grande como para rescatarlos a todos, le enviaba a él para visitarlos y llevarles algunos alimentos de España: un barril de vino y medio cerdo salado. En realidad, Ovando temía que Cristóbal regresara a Castilla y recuperase el gobierno de la colonia de mano de los reyes, por lo que intentaba dificultar lo más posible su regreso a La Española. Así que el objetivo de aquella pequeña nave era espiarlos e informar de cuál era su situación.

Tras comprobar que Cristóbal y sus hombres seguían vivos, la carabela se alejó, para disgusto de los que habían quedado abandonados en la isla. Cristóbal estaba indignado. Era otro insulto y humillación que tenía que soportar a manos de sus adversarios. No obstante, antes de partir, el capitán les entregó una carta de Diego Méndez en la que les informaba que Bartolomé Fieschi y él, después de muchas penalidades, habían llegado vivos a la costa de La Española, aunque sumamente débiles y enfermos. A pesar de ello, Diego había proseguido el viaje hasta Santo Domingo, donde intentaba fletar un barco que navegara hasta Yamaye a rescatarlos. También informaba a Cristóbal de que, conforme a las órdenes que le había dado, él no regresaría a Yamaye, sino que zarparía hacia España para informar a los reyes de lo ocurrido.

Pese a su orgullo herido, Cristóbal, así como el resto de su tripulación, se aferraron a la esperanza de que pronto serían rescatados. Diego Méndez había demostrado una y otra vez ser un hombre de acción. Y si se había propuesto fletar un barco para rescatarlos, no dudaban en que lo lograría.

Al meditar en su rescate y regreso a España, Cristóbal se acordó también de los hermanos Porras. Estos habían sido nombrados directamente por la corona como miembros de la expedición, y si él iba a regresar a España, más le valía asegurarse de que los hermanos también regresaran sanos y salvos. Como no quería tener que explicar a Fernando e Isabel por qué los había dejado atrás en Yamaye, decidió intentar reconciliarse con ellos.

Cristóbal envió a un representante para concertar una reunión con ellos, pero el encuentro no fue bien. Aunque ordenó llevarles parte del cerdo salado para convencerlos de que, efectivamente, les había visitado un barco procedente de La Española, los hermanos se negaron a creerle. Pensaban que, de ser cierto, Cristóbal habría embarcado y abandonado la isla. Además, le exigían que repartiera con ellos todo lo que tenían, algo Cristóbal no estaba dispuesto a hacer. Así que, en lugar de hacer las paces, la reunión pareció avivar viejas enemistades. El 19 de mayo, los amotinados intentaron asaltar los dos barcos para tomar por la fuerza lo que Cristóbal se había negado a darles. Cuando los vio llegar, Bartolomé Colón reunió a la tripulación fiel a Cristóbal y se enfrentó a los rebeldes en un feroz combate a espada en el que murieron varios hombres. Desde la cubierta de la varada Santa María, Cristóbal contempló la lucha, hasta que vio cómo su hermano, que resultó herido en una mano, lograba imponerse, logrando la rendición de los amotinados. Tras la batalla, Cristóbal los perdonó a todos. Solo hizo una excepción con el que más responsabilidad tenía, el capitán Francisco de Porras, a quien mandó prender con grilletes.

El 29 de junio de 1504, un año y cinco días después de quedar abandonado en Yamaye, Cristóbal estaba exultante. La carabela fletada por Diego Méndez entraba en la bahía de Santa Gloria. Esta vez sí que estaba cerca el rescate. Los hombres lanzaron una fuerte ovación cuando el barco echó el ancla. Veinticuatro horas más tarde, Cristóbal y sus hombres se encontraban de camino a Santo Domingo.

Cuando el 13 de agosto Cristóbal volvió a poner los pies en La Española, casi no podía creerlo. Después de todo, Yamaye no iba a ser su tumba. Ovando les recibió con fingida cortesía, alojándolos en su casa, pero sus verdaderas intenciones quedaron claras cuando ordenó liberar a Porras. Por eso, Cristóbal se alegró cuando el 12 de septiembre pudieron al fin zarpar en una nao con destino a España.

En la nao viajaban su hijo Hernando, su hermano Bartolomé y otros veintidós miembros de la tripulación original. El resto no quiso afrontar otro viaje por mar y decidió quedarse en La Española. A medida que el viaje a través de la Mar Océana se prolongaba, Cristóbal comenzó a preguntarse si acaso los miembros de su tripulación que habían decidido quedarse no habían sido los más inteligentes. El barco se vio envuelto en una fuerte tormenta en la que se partió el palo mayor. Cristóbal y Bartolomé tuvieron que aparejar un mástil auxiliar, utilizando una verga de repuesto. Finalmente, el 7 de noviembre de 1504, cincuenta y seis días después de partir de Santo Domingo, el barco llegó a Cádiz.

Cuando desembarcó en Cádiz, Cristóbal era un hombre cansado y enfermo. La artritis y la gota le dolían tanto que apenas podía caminar, y seguía febril y débil a causa de la malaria. Tuvo que ser trasladado a Sevilla, donde se instaló en una casa alquilada. Mientras tanto, su hijo Hernando, que ya tenía dieciséis años, regresó a su puesto en la corte real, atesorando en su memoria las historias de las penurias y aventuras vividas al otro lado de la Mar Océana. En la corte real, se reunió con su hermanastro, Diego Colón, quien a sus veinticinco años era un miembro de la guardia real muy querido y respetado.

Cristóbal confiaba en que no pasaría mucho tiempo antes de que él también fuera llamado a presentarse en la corte real para una audiencia con sus majestades. Pero transcurrían los días y la invitación oficial no llegaba. No tardó en saber el motivo: La reina Isabel estaba enferma y debía permanecer en su lecho. Cristóbal tenía la esperanza de que, una vez repuesta, le invitaría a una audiencia con ella y con el rey. Pero no fue así. El 26 de noviembre de 1504 murió Isabel. Cristóbal se sintió desconsolado al conocer la noticia. Había sentido que no había otra persona en el mundo que pudiera comprenderlo mejor, y esa persona se había ido. Deseaba desesperadamente poder asistir al funeral, pero tuvo que enfrentarse al hecho de que no estaba lo suficientemente bien de salud como para viajar. De hecho, la muerte de la reina le recordó su propia mortalidad. Isabel tenía la misma edad que él.

Tras la muerte de la reina, Cristóbal centró su atención en dos asuntos. En primer lugar, creía que la Corona no le estaba entregando la cantidad total que le correspondía por el comercio con las tierras que había descubierto, cantidad que estaba garantizada en las Capitulaciones que él, el rey y la reina habían acordado en 1492 y, sobre todo, no se estaba respetando el compromiso de que, faltando él, el gobierno de las Indias pasara a manos de su primogénito. En segundo lugar, la Corona se negaba a pagar los salarios que le correspondían a la tripulación que había realizado el cuarto viaje. La corte real consideraba que no se les debía nada por el año que habían pasado abandonados en Yamaye. La mayoría de los que habían navegado con Cristóbal eran pobres, y ahora, sin salario por los dos años y medio que habían estado fuera, muchos de ellos estaban desesperados.

Cristóbal hizo repetidas peticiones a la corte real para tratar estos asuntos, pero no logró ningún progreso. Entonces, a principios de mayo de 1505, recibió buenas noticias. Había sido convocado a una audiencia ante el rey Fernando para tratar sus asuntos.

Partió inmediatamente hacia Segovia, a cuatrocientos ochenta kilómetros de distancia, donde se encontraba la corte real. Hizo el viaje a lomos de una mula, ya que su artritis le hacía demasiado doloroso montar a caballo, pero tuvo que pedir un permiso especial, pues esa cabalgadura estaba reservada a las mujeres y los clérigos, y en condiciones normales los caballeros no podían hacer uso de ese animal.

Mientras era conducido ante el rey, Cristóbal tenía grandes esperanzas de que el asunto de sus ingresos y el de los pagos a sus hombres se resolvieran pronto. Fernando, que tras la muerte de la reina actuaba como regente de Castilla, le recibió con amabilidad. Tras exponerle Cristóbal todos sus padecimientos, se dirigió así al monarca:

—Vuestra majestad es cristiano, por lo que yo mismo y todos los que tienen noticia de mis logros, en España y en todo el mundo, sabemos que si me honrasteis cuando no habías visto en mí más que palabras, ahora que veis mis obras, me renovaréis sin duda las mercedes[1] y títulos que me prometisteis, así de palabra como por escrito.

—Es cierto que nos habéis dado las Indias —respondió Fernando—. Y ciertamente os merecéis las mercedes y títulos que habéis recibido. Creo que sería bueno nombrar a una persona que fuera vuestro representante en la corte, para que examine vuestros asuntos y proponga una solución satisfactoria. ¿Y quién lo podría hacer mejor que el arzobispo de Sevilla?

Cristóbal sabía que el arzobispo, Don Diego de Deza, antiguo preceptor del príncipe Juan, había sido desde el principio uno de sus partidarios en la corte,

1 Mercedes: Premio o galardón que se da por el trabajo. Dádiva o gracia de empleos o dignidades, rentas, títulos nobiliarios, etc., que los reyes o señores hacen a sus súbditos.

quizá el que más había insistido a la reina para que escuchara a Cristóbal y financiara la empresa de Indias. Cristóbal aceptó gustoso la propuesta del rey.

No obstante, el tiempo pasaba y seguía sin encontrarse una solución definitiva. El rey tenía buena disposición para compensar económicamente a Cristóbal, pero devolverle el gobierno de las Indias a él y a sus descendientes era un asunto más delicado. Fernando era el rey de Aragón, pero las Indias pertenecían a la corona de Castilla, así que ese tipo de decisión le correspondía a la heredera al trono, su hija Juana, cuya llegada desde Flandes con su marido se había retrasado debido al naufragio de su barco en las costas de Inglaterra.

Fernando ofreció entonces a Cristóbal el señorío de un feudo en Castilla, si renunciaba a su título de Virrey de las Indias, pero Cristóbal lo rechazó indignado. Se encontraba en una situación económica muy desahogada, gracias a las remesas de oro que le seguían llegando de sus posesiones personales en las tierras descubiertas, así que lo que verdaderamente ansiaba era que se le reconociera el derecho de su familia a volver a gobernar sobre los territorios descubiertos. Sin embargo, ni la corona ni el arzobispo de Sevilla lo consideraban prudente.

La corte real, siguiendo la costumbre castellana de no tener una capital fija, se desplazó primero a Salamanca, y luego a Valladolid. Tras ella fue Cristóbal, cada vez más amargado, que no dejó de escribir cartas solicitando lo que pedía. Finalmente, sintiendo que sus fuerzas se agotaban, escribió una carta al rey pidiéndole que sus títulos pasaran a su hijo Diego, quién debía ocupar todos sus cargos.

El 28 de abril de 1506, llegó por fin la nueva reina de Castilla, Juana I, a España. Por entonces, Cristóbal estaba convencido de que el rey Fernando deseaba quedarse con los títulos y riquezas que le correspondían. La situación en Castilla era tensa, debido a las pretensiones de Felipe, el marido extranjero de Juana, de ejercer como verdadero rey y no solo como rey consorte[2]. La posibilidad de una guerra civil flotaba en el ambiente. Cristóbal, demasiado débil para viajar hasta La Coruña a recibir a la nueva monarca, se apresuró a escribir a Felipe y a Juana una carta ofreciéndose como su vasallo, misiva que fue entregada en persona por su hermano Bartolomé. Buscaba así el favor de los nuevos reyes, con la esperanza de que estos atendieran por fin a sus demandas.

Sin embargo, el 19 de mayo de ese mismo año, Cristóbal sintió que le abandonaban definitivamente las fuerzas y, demasiado débil como para moverse de la cama, hizo que le llevaran a su lecho el borrador de su testamento, para ratificarlo. En él, designaba a Diego heredero de todos sus títulos y cargos, y le encargaba que proveyera de su patrimonio a los demás miembros de la familia, muy especialmente a su otro hijo, Hernando, a quien constituyó su heredero en caso de que Diego no tuviera ningún hijo varón. También ordenó que una parte de su fortuna se depositara en el Banco San Giorgio de Génova, para que en el futuro se utilizara para financiar una cruzada y liberar Jerusalén.

Al día siguiente, su estado empeoró. Diego y Hernando se encontraban a su lado, junto a su lecho. También le acompañaban sus hermanos, Bartolomé y Diego, junto con Diego Méndez y Bartolomé Fieschi, que le habían servido fielmente a lo largo del cuarto viaje. Al ver que el estado de Cristóbal empeoraba,

2 Consorte: Dicho de una persona: Que recibe el título, condición, nombre de la profesión, etc., por razón de matrimonio con la persona que los posee por derecho propio. Rey, duquesa consorte.

mandaron llamar a un cura, que celebró una misa y le administró los santos óleos. Tras una última oración, Cristóbal se incorporó para pronunciar sus postreras palabras. Repitió en latín las últimas palabras de Jesucristo en la cruz:

> —In manus tuas, Domine, commendo spiritum meum [En tus manos, Señor, encomiendo mi espíritu].

Pocos instantes después, moría Cristóbal Colón. Era el 20 de mayo de 1506 y tenía cincuenta y cuatro años.

A la muerte de Cristóbal, la importancia de sus descubrimientos al otro lado de la Mar Océana apenas comenzaba a ser percibida. Irónicamente, Cristóbal Colón nunca fue consciente de la magnitud de sus logros. Murió creyendo que había llegado al continente asiático, sin llegar a comprender que la tierra que había pisado era un vasto continente, que pronto se conocería como América.

Tampoco llegaría a ver la respuesta a sus innumerables peticiones a la corte. Poco después de su fallecimiento, los acontecimientos en Castilla tomarían un rumbo inesperado. El 25 de septiembre moría en Burgos Felipe, el marido de Juana I de Castilla. La muerte de su marido sumiría a Juana en la locura, incapacitándola para el cargo. Esto prolongaría la regencia Fernando de Aragón, quien al fin, dos años después de la muerte de Cristóbal, nombraría a Diego virrey y gobernador de la Española. Cuando al año siguiente, Diego viajó a Santo Domingo para sustituir a Nicolás Ovando, lo hizo acompañado de la siguiente real instrucción:

> Diréis de mi parte a los caciques y otros indios principales de la isla que mi voluntad es que ellos y sus indios sean bien tratados como nuestros

> buenos súbditos y naturales, y que si alguien les hiciere algún mal deben hacéroslo saber, porque tenéis la orden de castigar semejantes casos. Además, procuraréis que los indios sean muy bien tratados y que ninguno les haga fuerza, ni lo roben ni maltraten, ni de palabra ni de otra manera, y que puedan vivir con seguridad ellos y sus mujeres por toda la tierra, castigando al que desobedeciere con las penas que sean necesarias y ejecutándolas en sus personas.

Mediante ese documento, Fernando devolvía en parte el gobierno de las Indias a los Colón, pero también intentaba honrar a su esposa Isabel, cuyo deseo de proteger a los indios se había manifestado hasta el último instante de su vida. Dos años más tarde, en 1511, también se reconocería a los Colón el derecho a recibir un diez por ciento de todas las riquezas obtenidas en las Indias.

Pero a la historia de Cristóbal aún le quedaba un sorprendente capítulo por cerrar, pues sería como si su vocación viajera se prolongara tras su muerte. Tres años después de su entierro en la capilla de Santa Ana, en el convento de los franciscanos de Valladolid, su hijo Diego trasladaría sus restos al panteón familiar de Sevilla. Desde allí, en 1536 y por voluntad de la viuda de Diego, Cristóbal surcaría una vez más la Mar Océana rumbo a sus amadas Indias, para reposar durante más de dos siglos en la catedral de Santo Domingo. En 1795, sus restos se exhumaron de nuevo, depositándose en la catedral de La Habana, en Cuba, otra de las islas por él descubiertas. Finalmente, en 1898, regresarían a España, donde los recibiría, con gran solemnidad, su descendiente directo, Don Cristóbal Colón, Duque de Veragua. En su lugar de reposo definitivo, en la catedral de Sevilla, sus restos los portan a hombros cuatro figuras andantes, que semejan perpetuar el incansable ánimo de Cristóbal de recorrer el mundo.

Bibliografía

De Hevesy, André. *The Discoverers: A New Narrative of the Life and Hazardous Adventures of the Genoese Christopher Columbus.* The Macaulay Company, 1928.

Dodge, Stephen C. *Christopher Columbus and the First Voyages to the New World.* Nueva York: Chelsea House Publishers, 1991.

Dolan, Sean J. *Christopher Columbus: The Intrepid Mariner.* Nueva York: Fawcett Columbine, 1989.

Fernández-Armesto, Felipe. *Columbus and the Conquest of the Impossible.* Nueva York: Saturday Review Press, 1974. (Cristobal Colón, Barcelona: Folio, 2004).

Levinson, Nancy Smiler. *Christopher Columbus: Voyager to the Unknown.* Nueva York: Lodestar Books, 1990.

Meltzer, Milton. *Columbus and the World around Him.* Nueva York: Franklin Watts, 1990.

Meredith, Robert, and E. Brooks Smith, eds. *The Quest of Columbus.* Boston: Little, Brown and Company, 1966.

Morison, Samuel Eliot. *Christopher Columbus: Mariner.* Penguin Group, 1942.

Soule, Gardner. *Christopher Columbus: On the Green Sea of Darkness.* Nueva York: Franklin Watts, 1988.

Bibliografía utilizada en la traducción y adaptación al español:

Arranz Márquez, Luis. *Cristóbal Colón. Misterio y grandeza*. Madrid: Marcial Pons, 2006.

Colón, Cristóbal. *Relaciones y cartas*. Madrid: Librería de la viuda de Hernando y C^{a}, 1892.

— *Los cuatro viajes. Testamento*. Madrid: Alianza, 2014.

Colón, Hernando. *Historia del Almirante*. Barcelona: Ariel, 2020.

De las Casas, Bartolomé. *Historia de las Indias*. Wroclaw: El Camino, 2019.

Díaz-Trechuelo, Lourdes. *Cristóbal Colón*. Madrid: Ediciones Palabra, 2006.

— *Colón*. L'Hospitalet: Editorial Crítica, 1992.

Gallego, Gregorio. *Cristóbal Colón y el descubrimiento de América*. Madrid: Ediciones Urbión, 1985.

Gómez, Juan Ramón. *Breve historia de Cristóbal Colón*. Madrid: Nowtilus, 2012.

Konetzke, Richard. *Colección de documentos para la historia de la formación social de Hispanoamérica 1493-1810. Vol. 1* (1493-1592). Madrid: Consejo Superior de Investigaciones Científicas, 1953.

Martínez-Hidalgo, José María. *Las naves del descubrimiento y sus hombres*. Madrid: Fundación Mapfre América, 1991.

Rodríguez Laguna, Juan Gabriel. *Breve historia de los viajes de Colón*. Madrid: Nowtilus, 2018.

Serrato, Francisco. Cristóbal Colón. *Historia del descubrimiento de América*. Madrid: El Progreso Editorial, 1893.

Tola de Habich, Fernando. Bestiario colombino. *Primer viaje 1492-1493*. Ciudad de México: Factoría ediciones, 2017.

Varela, Consuelo. *Cristóbal Colón y la construcción de un mundo nuevo*. Estudios, 1983-2008. Santo Domingo: Archivo General de la Nación, 2010.

—*La caída de Cristóbal Colón. El juicio de Bobadilla.* Madrid: Marcial Pons, 2013.

Varela, Consuelo; Gil, Juan. *Cristóbal Colón. Textos y documentos completos.* Madrid: Alianza Editorial, 1995.

Acerca de los autores

Janet y Geoff Benge forman un equipo de autores con una experiencia de más de quince años. Janet fue maestra de escuela primaria. Geoff es licenciado en Historia. Ambos son naturales de Nueva Zelanda y prestaron diez años de servicio a Juventud con una Misión. Tienen dos hijas, Laura y Shannon, y un hijo adoptivo, Lito. Residen cerca de Orlando, Florida.